Irene Johanson

*Christuswirken
in der
Biographie*

Urachhaus

Die Deutsche Bibliothek – CIP-Einheitsaufnahme

Johanson, Irene:
Christuswirken in der Biographie / Irene Johanson. –
Stuttgart: Urachhaus, 1992
ISBN 3-87838-928-0

ISBN 3 87838 928 0
© 1992 Verlag Urachhaus Johannes M. Mayer GmbH, Stuttgart.
Alle Rechte, auch die des auszugsweisen Nachdrucks und der
photomechanischen Wiedergabe, vorbehalten.
Umschlaggestaltung: B. Schachtner, Dachau
Satz und Druck: Clausen & Bosse, Leck

Inhalt

Vorwort 7

„Ich bin bei euch alle Tage" 9

Christus im unbewußten Lebensanfang 11
Das Wirken des Christus zwischen Kindheit
    und Jugend 15
Lähmendes und Bewegendes im Jugendalter . . . 21
Die Zeit des Aufsteigens 27
Die Krise in der Mitte des Lebens 30
Beginn der Zeit des Gebens 34
Krieg und Frieden im siebten Jahrsiebt 41
Sehend werden 47
Wiedergeburt im Sterben 54
Niemand kommt zum Vater, denn durch mich . . 62
Die geschenkte Lebenszeit 70

Sicherheit im Ungewissen 77

Erziehung und die Kunst, mit Fragen zu leben . . 79
Das Verborgene im Jugendalter 94
Unbegreifliches Schicksal 107
Die Christlichkeit des Menschen in seinem
    Verhältnis zum Leib 119
Der sichere Tod als das Unsichere im Leben . . . 134
Das Leben als Beruf – der Beruf als Leben 149
Das Geheimnis der Ehe 164

Die sieben Zeichen im Johannes-Evangelium
    und die sieben Sakramente 187

Vorwort

*I*n unserer Zeit fragen die Menschen mehr als früher nach den Gesetzmäßigkeiten und Geheimnissen der Biographie. Daraus ist sogar ein neuer Begriff entstanden: Biographik. Schriftsteller haben das zu ihrem Hauptthema gemacht, an erster Stelle Max Frisch, aber auch Marie Luise Kaschnitz, Peter Handke und andere.

Seitdem Christus sich mit dem Menschentum verbunden hat, wird er in jeder Biographie wirksam und auch erlebbar. Aber wir müssen erst ein Bewußtsein, ein Organ für diese Wirksamkeit entwickeln. Bei einem Baum können wir sehen, wie die neuen Blattknospen immer dort entstehen, wo die Blätter des vergangenen Jahres sterben und abfallen. Ähnliches geschieht auf seelischer Ebene im Menschenleben. Gerade dort, wo in einem Jahrsiebt etwas stirbt, zu Ende geht, bilden sich die Knospen für das nächste Jahrsiebt. Und an dieser Stelle, wo aus dem Sterben neues Leben geboren wird, können Menschen den Todbesieger Christus erfahren. Diese Erfahrung ist ganz individuell und ist zugleich so menschengemäß, daß sie jedem zukommen kann. Wie das Christuswirken durch die Jahrsiebte erlebt werden kann als Todüberwindung, das soll im ersten Teil dieses Buches beschrieben werden.

Ein Hinweis Rudolf Steiners auf biographische Gesetzmäßigkeiten, daß jedes Jahrsiebt unter der geistigen Wirkung, unter der Einstrahlung eines bestimmten Planetengeistes steht, hat in den Aufbau dieser vorliegenden Darstellung hineingespielt und soll darum erwähnt werden. Rudolf Steiner ordnet die Lebensalter einmal in folgender Weise den Planeten zu:

Von der Geburt bis 7 Jahre: Mond
von 7–14 Jahren: Merkur
von 14–21 Jahren: Venus
von 21–42 Jahren: Sonne
von 42–49 Jahren: Mars
von 49–56 Jahren: Jupiter
von 56–63 Jahren: Saturn
von 63–70 Jahren: ein Zusammenwirken aller Planeten
ab 70 Jahren: eine geschenkte Lebenszeit.

Im zweiten Teil dieses Buches wird gezeigt, wie es gerade die Momente der Unsicherheit im Leben sind, wo eine neue Art von Sicherheit entstehen und in dieser Paradoxie von Sicherheit in der Unsicherheit das Christuswirken erlebt werden kann. Die Situationen des Erlebens sind wieder individuell, die Quellen der Sicherheit für alle Menschen gegeben. Sie werden in der Christenheit als die sieben Sakramente in den Lebenslauf einbezogen. Die sieben Zeichen des Johannes-Evangeliums werden im ersten Teil dieses Buches als Urbilder für die Erfahrungen dieser Jahrsiebte herangezogen. Im zweiten Teil werden sie als Urbilder für die sieben Sakramente dargestellt. Sie können natürlich auch noch ganz anders und für sich gesehen und gepflegt werden. Das Ganze möchte eine Anregung und Hilfe sein, die Nähe des Christus im Leben, dem eigenen, wie in dem der anderen Menschen zu bemerken und zu lernen, sie bewußter in das eigene Denken, Fühlen und Tun einzubeziehen.

„Ich bin bei euch alle Tage"

Christus im unbewußten Lebensanfang

Novalis hat eine tiefe biographische Wahrheit ausgesprochen: „Stirbt ein Mensch, wird ein Geist geboren. Wird ein Mensch geboren, stirbt ein Geist." Wir können als erwachsene Menschen wohl kaum mehr ermessen, was es auch für uns einmal bedeutet hat, aus der Zeit- und Raumlosigkeit der geistigen Welt in die Leibgebundenheit dieser Welt überzugehen. Aber wenn wir versuchen, uns in ein neugeborenes Menschenwesen hineinzufühlen, können wir etwas von diesem Widerspruch zwischen geistigem Sein und leiblicher Ohnmacht erleben, diese ganz neue und abhängige Daseinsweise am irdischen Lebensbeginn. Und gerade in dieser Zeit der äußersten Abhängigkeit, wo der Leibgeborene keinen Tag ohne die Hilfe eines pflegenden, hilfreichen Menschen existieren kann, gerade in diesen drei ersten Jahren entwickeln sich in ihm die Fähigkeiten, die ihm einmal ermöglichen werden, ein, innerhalb der Leibesgrenzen, freier Mensch sein zu können. Er lernt, seinen Körper aufzurichten. Er lernt, sein Gehirn zum Werkzeug des Denkens zu bilden, und er lernt, sich mit Hilfe seiner leiblichen Sprachwerkzeuge verständlich zu machen.

Aufrichten, Denken und Sprechen sind die Taten eines Ichwesens. Tiere, Pflanzen und Steine vermögen das nicht. Wer aber ruft diese Ich-Fähigkeiten im Menschen hervor? Derjenige, der in allem lebt, was ichhaft ist, von dem die Apokalypse sagt (Apok. 19), er habe einen Namen, den niemand aussprechen kann, außer er selbst. Das aber ist der Name „Ich" oder „Ich bin", griechisch *ego eimi*. So wie Goethe vom Auge sagt, es sei am Licht und für das

Licht gebildet, so können wir auch sagen, die drei Grundkräfte des Menschen, Aufrichten, Denken und Sprechen seien am Ich und für das Ich gebildet. Das Ich aber ist Ursprung und Ziel der Freiheit.

In der Zeit der größten Abhängigkeit, in den drei ersten Jahren des Lebens, schafft das göttliche Ichwesen im Menschen die Voraussetzungen zur Freiheit, zum wahren Menschsein. Noch lange wird es dauern, bis er diese Fähigkeit wirklich darleben kann, und selten genug tut er es dann auch, wenn er reif dazu ist. Aber zu Beginn des Erdenlebens wirkt Christus so, daß er dem Sterben des freien Geistes in der Leibverhaftung die Voraussetzungen für die Auferstehung des freien Geistes im Leibe entringt.

Bis zum 7. Lebensjahr werden auch die übrigen Organe, die ganze Leiblichkeit des Menschen gemäß seinem diesmaligen Schicksal veranlagt. Leibliche Fehler oder Gesundheit, Größe, Gestalt, Farbe von Augen und Haar, Stimme, Gang, Temperament und vieles mehr wird in diesen ersten sieben Jahren grundgelegt. Das Material dazu stammt aus der Vererbung von Vater und Mutter und aus dem Einfluß der Umgebung, der durch Nachahmung aufgenommen wird. Von Geschwistern aus demselben Erbstrom und demselben Milieu kann ganz Verschiedenes übernommen werden. Zwei Schwestern, die extrem verschieden waren, obwohl sie zusammen bei ihren leiblichen Eltern aufwuchsen, wurden in ihrer Kindheit immer wieder mit Erstaunen gefragt: „Habt ihr denselben Vater und dieselbe Mutter?"

Die Gesetzmäßigkeit, warum von dem einen gerade dieses geerbt und jenes übernommen wird, von der einen Schwester ganz anderes als von der anderen, diese Gesetzmäßigkeit stammt aus vorausgegangenen Schicksalen.

Denn der Mensch ergreift das Material, um sich den Leib und das Milieu zu schaffen, das er braucht, um die Folgen vorangegangener Leben sinnvoll weiterzuführen. Im ersten Jahrsiebt schafft er sich die leiblichen Voraussetzungen mit Hilfe von Kräften aus der Vergangenheit. Aber der Anteil des Christus-Ich daran ist zukunftsorientiert.

Das Christuswirken im ersten Jahrsiebt zeigt eine Verwandtschaft zu dem ersten Zeichen des Christus, wie es das Johannes-Evangelium erzählt (Joh. 2); es ist die Hochzeit zu Kana. Als erstes wird gesagt, daß die Mutter Jesu eingeladen war, und dann erst, daß auch Jesus und seine Jünger dort waren. Der Wein ist ausgegangen. Wein ist der Repräsentant der Ichkraft. In vorchristlichen Zeiten gab es Weinkulte, in denen Gott mit Wein gehuldigt wurde, weil sich das Menschen-Ich noch nicht aus eigener Kraft mit dem Gott verbinden konnte. Dionysos oder Bacchus zogen durch das Medium des Weines in die Leiblichkeit des Menschen ein und bereiteten sie so vor, einmal, wenn die Zeit gekommen sein würde, Träger des Ichwesens zu werden. Durch Dionysos und Bacchus wirkte Christus in vorchristlicher Zeit, so wie er heute im Menschen wirkt, bevor dieser schon selber Ichträger sein kann. Bei der Hochzeit zu Kana wirkt Christus noch aus der Gesetzmäßigkeit der Vergangenheit, aus dem, was ihm von der Mutter entgegengebracht wird. „Was zwischen mir und dir", sagt er zu seiner Mutter, und weiter: „Meine Stunde ist noch nicht gekommen." Die Mutter sagt zu den Dienern: „Was er euch sagen wird, das tut."

Das göttliche Ichwesen verwandelt die vorhandene Substanz, das Wasser des Lebens, den Erbstrom in Träger der Ichkraft, in Wein. Die Diener sind Werkzeug und die Jünger sind Zeugen dieses Geschehens. Auch im menschlichen Organismus sind es Diener, geistige Wesen, die die von Christus geleitete Umwandlung der vererbten Substanz in Träger der Ichkraft bewirken. Es sind die Wesen, die sich durch die Weisheit eines menschlichen Körpers offenbaren, die uns ja immer wieder ehrfürchtig staunen läßt. Die Zeugen, das sind die dem Christus verbundenen geistigen Wesen, Engel oder Menschen, die dafür erwacht sind, zu bemerken, wie in den ersten sieben Jahren des Menschen sein Schicksal nachwirkt und zugleich sich vorbereitet. Von ihnen kann gesagt werden: Sie glauben an Ihn, an den, der in der Gebundenheit an Vererbung und Milieu die zukünftige Freiheit des Ich vorbereitet, der das vorhandene Wasser in Wein verwandelt.

Und Christus sagt zu denen, die das Wunder des ersten Jahrsiebt am Kinde erleben können: „Von nun an werdet ihr den Himmel offen sehen und die Engel Gottes auf- und niedersteigen sehen über dem Menschensohn." Der Menschensohn, das ist das zukünftige Ichwesen in jedem Menschen. Über ihm ist der Himmel offen, auch dann, wenn der Mensch sich selbst von ihm abgeschnitten fühlt. Wer das Christuswirken im ersten Jahrsiebt eines ihm anvertrauten Menschen auch nur ahnungsweise erlebt, der ist berufen, durch seinen Glauben an den Menschensohn, an das zukünftige Menschenwesen, mit dafür zu sorgen, daß der Himmel offen bleibt über ihm, daß die Engel auf- und niedersteigen, mal nahe, mal ferne sind, wie es dem biographischen Gesetz dieses Menschen entspricht.

Das Wirken des Christus zwischen Kindheit und Jugend

*I*n dem Buch „Mein linker Fuß" beschreibt ein von Geburt an spastisch gelähmter Ire seine Kindheit und Jugend. In dieser Biographie wird deutlich, was jedes Kind, wenn auch nicht so drastisch wie dieser Junge, durchlebt. Da wird zuerst geschildert, wie er sich als kleiner Knabe seiner Behinderung überhaupt nicht bewußt ist. Die Brüder nehmen ihn überall mit hin. Entweder sitzt er auf der Schulter eines älteren Bruders oder sie schieben ihn in einem Wagen, dem sie den Namen Henry geben. An allen Bubenstreichen hat er auf diese Weise Anteil und fühlt sich als einer der ihren.

Aber als er neun Jahre alt ist, zerbricht der alte Wagen Henry, und die Familie hat kein Geld, einen neuen zu kaufen. Nun können die Brüder ihn nicht mehr mitnehmen. Für ihn ist nicht nur der Wagen, sondern seine Unbewußtheit im Kindsein zerbrochen. Das Mitleid der Altersgenossen hilft ihm nicht, sondern macht das Gefühl, anders zu sein, ein Krüppel zu sein, nur noch schlimmer. Zu erleben, daß es noch viel größeres Leid als sein eigenes gibt, ist das einzige, was ihm in dieser Zeit hilft. Das Leiden mit anderen befreit ihn eine Weile vom Selbstmitleid. Mit zwölf Jahren erlebt er dann den Hauch einer Liebesgeschichte, aber die kleine Freundin wird ihm untreu. Jetzt zerbricht in ihm der Glaube an einen Menschen. Erst als er versucht, Geschichten zu schreiben, findet er aus diesem vernichtenden Erlebnis wieder heraus.

Schon als Sechsjähriger hat er mit Hilfe seiner Mutter entdeckt, daß er zwar nicht seine Hände, dafür aber nach einiger Übung den linken Fuß gezielt betätigen kann. So lernt er mit seinem linken Fuß, der zu seinem einzigen Kommunikationsmittel mit der Umwelt wird, zu schreiben. Durch ihn kann er sich schöpferisch betätigen, erst malend, dann schreibend.

Noch ein drittes Mal muß er eine Art Sterbeerlebnis durchmachen. Ein Arzt macht ihm Hoffnung auf Heilung durch eine neue Behandlungsmethode. Er fliegt nach London zu einer Spezialistin. Seine ganze Zukunft setzt er auf sie. Die Ärztin geht sehr auf ihn ein. Am Ende der Untersuchung teilt sie ihm mit, daß er nur Aussicht auf Erfolg hat, wenn er von jetzt an darauf verzichtet, seinen linken Fuß zu benutzen. Nur so kann er seine anderen Glieder trainieren. Er führt einen harten inneren Kampf, bis er verspricht, diesen Verzicht zu leisten. Das aber heißt für ihn Verlust und Verzicht auf die eigenen schöpferischen Möglichkeiten. Erst durch eine neue Verbindung mit seinen Brüdern kommt er aus diesem todverwandten Zustand wieder heraus. Er bietet einem Bruder seine Hilfe beim Aufsatzschreiben an, wenn dieser dafür aufschreibt, was er ihm diktiert. Auf diese Weise kann er wieder im Schreiben seiner Seele Ausdruck verleihen. Ein Bruder nach dem anderen rückt in die Rolle seines Sekretärs auf. Obwohl dies eine ganz besondere Kindheitsbiographie ist, zeigt sie doch sehr Typisches für jede Kindheit.

Mit neun Jahren zerbricht jedem Kind der Wagen, mit dem es unbeschwert durchs Leben geglitten ist, ohne Selbstwahrnehmung, ganz in der Nachahmung und im Gruppengeschehen aufgehend. Es zerbricht das, was es bisher getragen und gestützt hat. Es zerbricht das Vertrauen, daß alles so ist, wie es ist, und daß es letztlich auch gut so ist. Mit neun Jahren entdeckt das Kind, daß es anders ist als andere und daß nicht alles stimmt und richtig ist, was gesagt wird und was geschieht. Es erlebt schmerzlich, daß es oft nicht ernst genommen wird, und daß es selber die Erwachsenen nicht immer ernst nehmen kann. Es prüft die Verläßlichkeit der Menschen und wird enttäuscht. Osterhase, Christkind, Nikolaus, das alles und vieles mehr, an das es glaubte, ist ihm genommen, ist ihm gestorben. Aber es will kein Mitleid. Was es aus diesem Verlusterleben herausführt, ist, lernen zu können. Lernen, Dinge, Vorgänge, Natur, Geschichte, Berufe zu verstehen und selber auch lernen, zu arbeiten. Es braucht einen wirklichen Lehrer; und wenn es der Schullehrer nicht ist, dann sollte ein anderer Mensch ihm Lehrer sein. Nicht nur Wissen braucht es, sondern Verstehen. Das heißt, etwas mit Liebe und Mitfühlen wissen.

Wenn das Kind den Wissensstoff mit Interesse aufnimmt, wenn es den Lehrer, der es ihm vermittelt, lieben kann, auch wenn, wie bei Christy Brown, das Leben selbst der Lehrer ist, und wenn das Kind mit Freude lernt, das Lernen selber gerne hat, dann wirkt in seiner Biographie Christus, der genannt wird „der Lehrer der Menschenliebe" (Sonntagshandlung für die Kinder) und der durch die Kraft des Lernens dem Kind die Überwindung dieses tiefen Verlustes, das Sterben der frühen Kindheit, ermöglicht.

Um das zwölfte Jahr erlebt das Kind eine neue Weise der Zuneigung. Es liebt einen Menschen, der durch seine Liebe zu ihm, durch sein ganzes Verhalten ihm gegenüber, ihm etwas von seinem eigenen Wesen spiegelt. Es muß doch etwas Liebenswertes an ihm sein, wenn der andere gerne mit ihm zusammen ist. Und dann der furchtbare Schmerz, wenn diese Liebe zerbricht, wenn das stirbt, was er von sich selbst gehalten hat, weil der andere es nicht mehr liebt. Die am anderen erwachte eigene Seele kann in solchen Erfahrungen schon Todessehnsucht durchleiden. Wie findet der Todüberwinder Einlaß in eine solche Seelensituation?

Weltinteresse heißt die erlösende Kraft. Schau nicht in die Augen des einen Menschen, um dich selbst darin zu spiegeln, sondern suche dir Freunde, mit denen zusammen du hinausschaust in die Welt. Laß dir etwas sagen von den Wesen der Natur, den Pflanzen, Tieren, Gewässern, Gebirgen und Wettern. Interessiere dich für die Schicksale von Menschen und Völkern. Wenn das Bild zerbricht, das der Mensch an der Schwelle zwischen Kindheit und Jugend von sich selbst hat, dann kann es neu erstehen, wenn er die Welt entdeckt und sich selbst dabei als den Entdekker erlebt. Daß er das vermag, verdankt er dem, der nie aufhört, sich für die Welt zu interessieren.

Als Wort Gottes hat Er die Welt hervorgerufen und bringt sie durch das Interesse der Menschen in ihnen immer aufs neue zum Sprechen. So überwindet das Kind an der Schwelle zur Jugend den Verlust seiner ersten Liebe. Um das 15. Jahr geht der junge Mensch noch durch eine dritte Todeserfahrung. Er muß schmerzlich erleben, daß vieles, was er früher ganz selbstverständlich konnte, jetzt nicht mehr geht. Er konnte sich unbekümmert bewegen, springen, laufen, auf Menschen zugehen. Jetzt ist er ungelenk, eckig, unsicher in seinen Gebärden, als sei ihm sein eigener Körper fremd. Früher konnte er musizieren, singen, malen, Theater spielen. Jetzt kommt er sich dabei lächerlich vor. Und auf das, was ihm leicht fällt, wie die anderen in Diskotheken zu hocken, Musik „in sich reinzuziehen", sich in Mode und Verhalten anzupassen, darauf soll er, angeblich zu seinen eigenen Gunsten, verzichten.

Den meisten Jugendlichen fällt das so schwer, wie es Christy Brown schwer fiel, auf den Gebrauch seines linken Fußes zu verzichten. Nur wenn dem unfreiwilligen Verlust der Kindheit ein freiwilliger Verzicht hinzugefügt wird, kann die Krise, in die der Mensch im beginnenden Jugendalter gerät, überwunden werden.

Um verzichten zu können, braucht er Ideale, die ihn motivieren, die ihn anspornen, obwohl sie so schwer und nur selten von Menschen erfüllt werden. Der einzige, der alle Ideale zu erfüllen vermag, ist der, der die verlorenen Kindheitskräfte auf neue Weise im Menschen erweckt. Das ist die Kraft, an den anderen Menschen zu glauben. Das ist die Kraft, an sich selbst zu glauben. Das ist die Kraft, an Gott zu glauben, der sowohl an den wahren Menschen im anderen wie in uns selbst glaubt. Darum ist er ja selber Mensch geworden.

Das zweite Zeichen, das Jesus vollbrachte, war die Heilung des todkranken Knaben des römischen Hauptmanns aus Kapernaum (Joh. 4). Man kann es wie ein Urbild für das Christuswirken im zweiten Lebensjahrsiebt des Menschen sehen. Denn das Kind braucht in den geschilderten Sterbevorgängen die Hilfe und Vermittlung durch den Erwachsenen, so wie der kranke Knabe durch die Vermittlung des Vaters die todüberwindende Kraft des Christus erfuhr. Der Vater bittet für seinen Sohn um Hilfe. In dem Gespräch zwischen ihm und Christus geht es um die Glaubenskraft, die der Hauptmann auf dreifache Weise lebt. Er glaubt an den zukünftigen Menschen in seinem todkranken Kind und setzt sich dafür ein. Er glaubt an Christus als den, der heilen und den Tod bezwingen kann. Und er glaubt, daß sein eigener Glaube, daß er selbst beitragen kann zur Menschwerdung des Kindes.

Der Mensch zwischen neun und fünfzehn Jahren braucht solche Gläubigen, die sich für ihn einsetzen, für ihn beten und ihm in ihrem dreifachen Glauben Vorbild sind. Durch die Vermittlung eines Menschen, der die Welt versteht und in der Welt arbeitet, wie es für den Hauptmann gilt, der dem Gespräch mit dem Christus gewachsen war, wird das Kind angeregt, selber das Verstehen und Arbeiten in der Welt zu lernen und so den Lehrer der Menschenliebe zu ahnen.

Durch die Vermittlung eines Menschen, der sich nicht selbst in den Augen des Christus spiegelt, sondern mit ihm in die gleiche Richtung schaut, dorthin, wo Worte zu Taten werden, wird das Wort Gottes *„dein Sohn lebt"* zur Tat. Durch die Vermittlung eines Menschen, der an den Erfüller der menschlichen Ideale glaubt, wird die dreifache Glaubenskraft in allen geweckt, die an diesem Ereignis teilhaben. *„Und er glaubte mit seinem ganzen Hause"*, sagt das Evangelium.

Der Knabe, der gesund wurde, der die Todesnähe überwunden hat, darf weiterleben unter Menschen, die auf neue Weise die Welt verstehen, mitfühlend und darin arbeitend. Es sind Menschen, die an den glauben, der in uns Menschen die Welterscheinungen zum Sprechen bringt und unser Weltinteresse weckt. Es sind Menschen, die kraft ihres Glaubens versuchen, Ideale zu erfüllen. Ein so gelebter Glaube ist selber eine Wesensäußerung des Christus. Wer an den anderen, an sich selbst, an Gott glaubt, der erlebt darin das Wirken Christi in seiner Biographie und kann den Kindern in diesem Lebensabschnitt ein Bringer dieses Christuswirkens sein.

Lähmendes und Bewegendes im Jugendalter

Zu allen Zeiten und in allen Kulturen gab es Rituale, durch die der junge Mensch in die Welt und das Leben der Erwachsenen aufgenommen wurde. Meistens waren gewisse Prüfungen damit verbunden, und wer sie bestand, erhielt eine Weihe, eine Segnung, eine göttliche Kraft, um die Gefahren und Nöte bestehen und die Freuden und neuen Erkenntnisse verarbeiten zu können.

Für unsere Zeit hat Rudolf Steiner ein solches Ritual vermittelt. Es wird in den Waldorfschulen als Jugendweihe und in der Christengemeinschaft als Sakrament der Konfirmation gefeiert. Darin wird Christus in vierfacher Weise angesprochen als derjenige, der für die Seele das Licht ist, als derjenige, der uns auf unserem Lebensweg führt, als derjenige, der uns die wahren Freuden im Leben spendet und der uns im Leiden tröstet. Diese vier Qualitäten des Christus, Licht, Führer, Freudenspender und Tröster zu sein, erbitten wir wohl für unser ganzes Leben, aber in besonderer Weise für das frühe Jugendalter. Denn in dieser Zeit macht der Mensch mit seiner Seele ein ähnliches Stadium durch, wie er es leiblich in den ersten drei Jahren durchlebt.

Er kann seelisch noch nicht frei laufen, sondern lernt es erst nach und nach, indem er sich an Gegebenes anhält oder ausbricht, mit der Gefahr, zu stürzen und sich lebenslänglichen Schaden zuzuziehen. Er kann noch nicht selbständig denken und hat seine eigene Sprache noch nicht entwickelt; er spricht nach und denkt nach, was ihm von allen Seiten vorgedacht wird. Seine Seele stolpert, stürzt, steht wieder auf, fällt wieder hin.

Die Umwelt hat für dieses Anfängertum der Seele längst nicht so viel Verständnis, wie für das Kind, das Laufen, Sprechen und Denken lernt. Die Jugendseele wird viel weniger geschützt als der Leib des kleinen Kindes. Sie wird sogar bewußt verführt, und so der positiven Führung entzogen. In keiner Zeit sind die Gefahren so groß wie in diesem Lebensalter, wo die Seele voll erwacht, der Leib fortpflanzungsfähig ist, der Geist seinem persönlichen Schicksal voll ausgesetzt wird, aber das eigene Ich noch nicht wachsen kann, noch nicht zeugen, selbständig urteilen kann und noch nicht fähig ist, Leib und Seele zu beherrschen und den eigenen Weg zu führen, weil es noch wie ein Embryo im Schoß der Seele ruht und reif zur Geburt werden muß.

Unschuldig-schuldig wird der Mensch in diesem Lebensalter. Er verwirrt sich in Schicksale, denen er nicht gewachsen ist und die sein Leben frühzeitig festlegen, z. B. durch sexuelle Beziehungen, durch Vater- und Mutterschaft in einem Alter, wo man selber noch Vater und Mutter braucht. Oder er gerät in magisch wirkende Einflüsse durch Drogen aller Art, einschließlich Musikdrogen. Nicht selten wird er in kriminelle Handlungen verwickelt. Jeder Blick in die Jugendszene zeigt uns die Bedrohungen und Verführungen durch niederziehende oder aufblasende Kräfte, die letztlich die Ich-Entwicklung lahm legen.

Und da, wo alles, wie man so sagt, seinen ordentlichen Gang geht, die Erwachsenen mehr oder weniger zufrieden sind mit dem Jugendlichen, droht die Gefahr der Verbürgerlichung, der Anpassung an das Gewordene, das auch eine Art von Lähmung des eigenen Wesens ist. Äußerlich scheint das Jugendalter das lebendigste, beweglichste zu sein. Ein junger Mensch hat Ideale, will die Welt kennenlernen, reist umher, tanzt und singt. Und doch leidet der Mensch in diesem Alter mehr als sonst an der Lahmheit, der Lustlosigkeit, der Angst und Depression, der eigenen oder der seiner Freunde.

Die Lahmheit ist die Folge von eigenen Versäumnissen oder Fehlleistungen. Er fühlt sich abgesondert von seinen Mitmenschen und oft von sich selbst, von dem, der er eigentlich sein möchte. Er fühlt sich abgesondert von seinen Idealen, von dem, was ihm einmal heilig und kostbar war. Durch all diese Absonderungen gerät er immer tiefer in die Lahmheit der Seele. Man erkennt es daran, daß er für alle seine Probleme, für alle seine Unfähigkeiten, für alle Schwächen und Nöte die Schuld bei anderen sucht. Die Eltern, die Lehrer, die Verhältnisse in seiner Kindheit, Menschen und Umstände sind schuld daran, daß alles so geworden ist.

Scharenweise machen Jugendliche heute eine Therapie durch, d. h. sie hoffen, daß ein anderer sie von ihren Sonderungen erlöst. Wohl dem, der einen Therapeuten findet, der ihn erst einmal fragt: *„Willst du überhaupt gesund werden?"* Manche bemerken dann, daß sie sich an ihre Lahmheit längst gewöhnt haben und daß sie dadurch wenigstens mit Therapeuten, Ärzten, Psychologen menschliche Verbindung haben oder mit anderen, die ihren kranken Zustand mit ihnen teilen. Wohl dem, der einen Therapeuten oder einfach einen Menschen findet, der ihm sagt: „Wenn du wirklich gesund werden willst, dann mußt du alles, was du bis jetzt anderen zugeschoben hast, worauf du dich ausgeruht, deine Lahmheit gepflegt hast, all das mußt du selber auf dich nehmen und tragen und dann einfach gehen. Du mußt selber Schritte machen.

Davon wirst du gesund." Wohl dem, der sich so erkennen und aufrufen läßt.

Es muß nicht immer durch einen anderen Menschen geschehen. Der Jugendliche kann diese Begegnung auch durch ein eigenes Erlebnis haben, vielleicht in einem Konzert, in der Natur, beim Lesen eines Buches oder einfach in einem Augenblick der Stille, vielleicht beim Erwachen oder in einer großen Einsamkeit. Plötzlich kann es ihm sein, als träte einer zu ihm. Er erlebt seine Anwesenheit wie einen Trost, wie eine ungewöhnliche Freude, wie ein Licht im Dunkeln oder wie eine deutliche Wegweisung. Während es geschieht, kann er nichts erklären, erlebt er einfach deutlich eine Anwesenheit, hell, tröstend, beglückend und so, daß die Lahmheit von ihm abfällt und er sich innerlich bewegt fühlt, Schritte zu tun, auf ein Ziel zuzugehen.

Aber je mehr er sich seiner inneren Mündigkeit nähert, um so deutlicher wird ihm, daß all die Lähmungserscheinungen Folgen waren der vielen Absonderungen, in die er sich begeben hat. Und wenn er gelernt hat, sich ganz aus sich selbst zu bewegen, aufrichtig zu sein, selbständig zu denken und seine eigene Sprache zu sprechen, dann wird er in irgendeiner Weise die innere Stimme vernehmen: Sündige von jetzt an nicht mehr, damit dir nicht etwas Schlimmeres widerfahre. Das heißt aber, verwandele alle deine Absonderungen, die du durchgemacht hast, in Lebenserfahrungen. Kein Mensch wird ein Leben hindurch ohne Sünde bleiben, aber er kann aus den Erfahrungen des Jugendalters, wie die Lahmheit als Folge der Sünde geheilt werden konnte, den Impuls mitnehmen, der in einem Mysteriendrama Steiners so ausgesprochen wird: *„Es darf die Seele niemals stürzen wollen, doch muß sie Weisheit aus dem Sturz sich holen."*

Wenn wir nun im 5. Kapitel des Johannes-Evangeliums das dritte Zeichen Jesu lesen, werden wir die Nähe zu dem erkennen, was Gegenstand dieses Kapitels war: Wie kann der Mensch im Jugendalter das Wirken des Christus erfahren? Nur daß der Mensch schon 38 Jahre an seiner Krankheit litt, scheint nicht zu dem Bild des Jugendlichen zu passen. 38 Jahre, das ist ein Hinweis auf den zweiten sogenannten Mondknoten. Bei jedem Mondknoten, das heißt, alle 18⅔ Jahre wiederholt sich die Konstellation zwischen Sonne und Mond, wie sie bei der Geburt war. Der Mensch kann also in einem späteren Abschnitt noch einmal eine Art von Geburt erleben, wenn er die gegebene Schicksalskonstellation aus eigener Kraft ergreift.

Das gleiche geschieht, wenn der Mensch im beginnenden Jugendalter sein persönliches Schicksal zu leben beginnt, das er als Folge früherer Schicksale vorfindet. Was er einmal als Ergebnis eines Erdenlebens zurückgelassen hat, das kommt ihm jetzt als Schicksal in diesem Leben entgegen. Er trifft auf die Folgen von früher, auch wenn er es nicht weiß. Und viele Ursachen seiner jetzigen Lähmung liegen in vergangenen Inkarnationen. Jetzt steht er vor der Aufgabe, diese Folgen auf sich zu nehmen, wie der Gelähmte im Evangelium sein Bett auf sich nahm und weiter ging, bis er im Tempel den wieder traf, der ihm zur Heilung verholfen hatte und ihm nun den Zusammenhang aufzeigt, damit er im weiteren Leben gegebene Schicksale und ihre Umwandlung zu meistern lernt.

Noch eine Parallele zum Jugendalter gibt es in der Geschichte von der Heilung des Lahmen. Der Geheilte wird gefragt, warum er gegen das Gesetz handelt und am Sabbat sein Bett trägt. Er beruft sich auf den, der ihn geheilt hat, weiß aber nicht, wer er ist. Später, als er ihm im Tempel begegnet, erfährt er es. Er fühlt sich gerechtfertigt. Der Messias selber hat ihm aufgetragen, das Bett zu tragen. Dann kann es nicht unrecht sein. Froh und erleichtert teilt er das den Hütern des Gesetzes mit. Die aber trachten von nun an Jesus nach dem Leben. So wird das Schicksal des Christus zutiefst mit dem Schicksal des geheilten Menschen verbunden. Das aber geschieht mit jedem Menschen von dem Zeitpunkt an, wo er beginnt, sein persönliches Schicksal zu leben. Es wird ein Teil des Christusschicksals, denn Christus lebt in allem, was Menschen durchleben, sowohl an Schmerzlichem wie auch an Freudigem.

Wie die Menschen mit ihrem Schicksal umgehen, hat auch für Ihn Folgen. Und diese Folgen, die auch Verfolgungen sein können, beginnen in der menschlichen Biographie in der Zeit, wo der Mensch selbst sein Schicksal zu gestalten sucht. Bei allem, was wir als Schicksal erleben, geht es nicht nur um uns selbst, sondern auch um andere Menschen und so auch um Ihn, der als „der Mensch" in jedem Schicksal betroffen ist.

Nicht jeder geht in so drastischer Weise durch die Erfahrungen der Lahmheit. Es gibt Menschen, denen es gegeben ist, in ihrem Schicksal den Christus als Licht, Führer, Freudenspender und Tröster in einer Weise zu erfahren, daß sie vor Lähmung bewahrt bleiben. Mögen sie dann nicht dem Hochmut verfallen, es sich als Verdienst anzurechnen, sondern die Demut üben, ein solches Schicksal als Geschenk, als Gnade zu empfangen, *„damit ihm nicht etwas Schlimmeres widerfahre"*. Christuswirken im Jugendalter ist die beginnende Kraft, Sünde in Weisheit und Liebe zu verwandeln. Wie Er einmal von der großen Sünderin sagte: *„Sie hat viel geliebt, darum wird ihr viel vergeben."* Was so im Jugendalter seinen Anfang nimmt, kann durch das ganze Leben in immer neuer, anderer Weise weiter wirken.

Die Zeit des Aufsteigens

Gemeint ist hier nicht eine Zeit, wo der Mensch berufliche Karriere macht, sondern die Zeit, wo sein Eigenwesen, sein Ichwesen ganz im Leib angekommen ist, sich Leib und Seele angeeignet hat und nun beginnt, als mündiger Mensch seinen Weg zu gehen. Das erlebt er als Aufstieg auf einen Berg. Er muß sich anstrengen, aber er hat ein Ziel vor Augen und weiß, daß sich die Anstrengung lohnt. Er folgt einem Meister, der ihn lehrt, was er für seinen Beruf und was er fürs Leben braucht. Er tut sich mit anderen zusammen, die dem gleichen Meister folgen und mit ihm der Höhe, dem Ziel zustreben. Ab und zu halten sie inne, schauen in die Tiefe; in die Weite, in die Höhe, das heißt in die Vergangenheit, aus der sie kommen, in die Gegenwart, in der sie die vielen Menschen sehen, die auch auf dem Wege sind und für die sie Verantwortung fühlen. Sie sehen die vielen Aufgaben, die da auf sie warten.

Das Alter zwischen 21 und 28 Jahren ist die Zeit in der menschlichen Biographie, wo es darum geht, sich für Lebensaufgaben stark zu machen, die Nöte und Notwendigkeiten in der Welt zu sehen und dem Meister zu folgen, der einen auf die Höhe führt, von der aus man mit Weitsicht, mit gestärkter Kraft und Fähigkeiten, mit Sternenorientierung ins Tal zurückkehren will, um zu helfen, zu dienen, Ziele zu verwirklichen. Wer im Tal bleibt, scheut die Mühe des Steigens, sieht auch kein Höhenziel und folgt keinem Meister. Er bleibt in den Kräften und Situationen der Vergangenheit hängen. Er zehrt von dem Mitgebrachten, ohne an die Zukunft zu denken.

Dieses vierte Jahrsiebt ist entscheidungsvoll. Der Mensch muß lernen, mit sich selber umzugehen, um einmal anderen etwas geben zu können. Er muß zum Beispiel lernen, mit sich selbst allein zu sein, sich selber auszuhalten. Denn wie sollen einmal andere ihn ertragen, wenn er sich selbst nicht ertragen kann, sich von einer Beziehung in die andere stürzt, um sich selbst zu entfliehen. Wie soll er die Einsamkeit annehmen können, die ihn inmitten anderer Menschen, Familien- oder Berufszusammenhängen heimsucht, wenn er sie nicht mit sich allein gemeistert hat? Er muß lernen, zu unterscheiden zwischen Einsamkeit und Isolation. In der Einsamkeit wächst der Mensch über sich hinaus. In der Isolation wird er eingeengt, abgetrennt von allem Lebendigen ringsum. Isolierte Räume sind tote Räume.

Ein 24jähriger Mensch war auf dem Weg zur Berufs- und Familiengründung. Er ging auf diese für ihn hohen Ziele zu und strengte sich an, sie zu erreichen. Da geriet er bei seinem Aufstieg in die Zone der Einsamkeit. Er bekam Zweifel, ob er fähig sei, sein Berufsziel zu erreichen. Er trennte sich von seiner Verlobten. Er ging in eine fremde Stadt, wo er niemanden kannte und sehr karg leben mußte. Er fühlte die Einsamkeit wie eine große, tiefe Entbehrung. Da kamen ihm viele Menschen in den Sinn, die an Entbehrungen litten, Kranke, Gefangene, unverstandene Kinder, Alte, aber auch führende Menschen in

Politik und Geistesleben. Mußten sie nicht einsam sein in ihrer großen Verantwortung? Mit all diesen Menschen versuchte er, ihre Einsamkeit mitzufühlen und für sie zu beten. Zuletzt kehrte er wieder in seine eigene Einsamkeit zurück. Da war ihm, als träte jemand in seine Stube ein. Er sah niemanden, als er sich umdrehte. Aber er fühlte, wie ihm ein Trost zukam, als legte jemand den Arm um ihn. Erschüttert ging er in die Knie. Von nun an kannte er den Sinn der Einsamkeit und ist ihr nie im Leben ausgewichen. Er ließ sie als den geistigen Raum zu, in dem *„der Nächste"* jederzeit eintreten kann.

Einsamkeit ist eine Erfahrung auf dem Weg zum Berggipfel. Aus ihr kommt der Mut, weiterzugehen, auch wenn man noch viele Gefahren und Hindernisse vor sich hat. Man darf dem unsichtbaren Meister vertrauen, der jedem, der ihm folgen will, auf seinem Weg vorangeht. Mit ihm erreicht man den Gipfel. Und auch, wenn es nur ein Vorgipfel ist, das letzte, vorgenommene Ziel nicht erreicht wurde, kann der Mensch sein Gipfelerlebnis haben. Das Berufsziel ist erreicht, vielleicht die Familie gegründet. Es beginnen die ersten Erfolgserlebnisse, Glückserlebnisse, Befriedigung über das Erreichte, Geschaffte. Man schaut vom Gipfel in die Runde, hinab ins Tal des gewesenen Lebens, in die Weite mit herrlichen Zukunftsausblikken. Man erbaut sich an den Worten des Meisters, dem man bis hierher gefolgt ist, dem inneren Schicksalsfühlen.

Und dann entdeckt man auch die hungernden Menschen, die erwarten, daß sie Nahrung bekommen. Der mitgenommene Vorrat ist aufgezehrt. Diese Situation, mit der das vierte Zeichen, die Speisung der 5000 im Johannes-Evangelium beginnt (Joh. 6), ist die Situation, die der Mensch mit 28 Jahren erreicht hat. Er hat durch Einsamkeit, Hindernisse und Gefahren sein erstes großes Ziel im Leben erreicht. Aber nach dem Glückserleben auf dem Gipfel muß er feststellen, daß alles, was er auf die Lebensbergbesteigung mitgenommen hat, verbraucht ist, alle Begabungen, Fähigkeiten, alle natürlichen Kräfte, aber auch alle geistigen Kräfte, der Idealismus der Jugend, die Begeisterung am inneren Bergsteigen, das Glück des Anfangens, all das ist aufgezehrt. Und dabei erwarten die Mitmenschen von ihm, daß er auch sie ernähre. Wie soll das Leben jetzt weitergehen?

Die Krise in der Mitte des Lebens

Wieder ist es ein Verlusterleben, das der Mensch im fünften Jahrsiebt durchmachen muß. Er hat nun erreicht, was er durch viele Jahre angestrebt hat, eine gewisse Sicherheit im Beruf, eine Lebensgemeinschaft mit anderen Menschen, Familie oder Freundeskreis oder auch ein Arbeitskollegium. Alle menschlichen oder beruflichen Träume sind erfüllt, aber nun setzen die großen Enttäuschungen ein. Wie anders ist das Leben, als man es sich vorgestellt hat. Wieviel Unerfreuliches bringt der Beruf mit sich. Innerlich oder äußerlich muß man sich mit so viel Dreck abgeben. Wie schmutzig, wie erniedrigend oder auch wie eintönig, wie kräftezehrend ist der nötige Gelderwerb, der Beruf, auf den man sich jahrelang mit so viel Erwartungen vorbereitet hat. Die materielle Welt macht ihre Rechte geltend und zieht den Menschen ganz in ihren Bann. Wie anders hat man sich als junger Mensch die Ehe vorgestellt. Man wollte Zeit füreinander haben und vieles gemeinsam erleben. Nun wird der Mann von seiner Arbeit ganz in Anspruch genommen, und die Frau gibt ihr ganzes Leben in die Pflege der Kinder. Die Kräfte werden vom Alltag völlig aufgezehrt und man weiß nicht, wie man allem, was man erfüllen möchte, gerecht werden soll. Immer wieder Putzen, Waschen, Kochen und abends erschöpft ins Bett sinken.

Es gibt aber heute auch oft in diesem Alter eine andere Situation. Da spüren die Menschen einen Freiheitsdrang und haben das hohe Ziel, sich selbst zu verwirklichen. Darum gehen viele von ihnen keine Bindung ein, weder durch Ehe und Familie, noch beruflich. Sie wollen offen sein für den Augenblick, jede neue Situation. Dann kommen sie in ihre dreißiger Jahre und müssen erleben, wie der Schwung zum Besonderen, der Drang zur Selbstverwirklichung, der Auftrieb aus den natürlichen Kräften nachläßt, wie die mitgebrachten Fähigkeiten schwinden. Man sieht, wie man ringsum gebraucht wird, wie da überall Hunger gestillt und Notwendigkeiten getan werden müßten, aber man hat keinen Beruf gelernt, keine neuen Fähigkeiten erworben, keinen Impuls gepflegt, der zu Ende gebracht wurde.

Sowohl die Enttäuschung über das den Idealen nicht entsprechende Leben als auch die Enttäuschung über sich selbst führen in die Depression oder in den Zustand, den man heute mit dem englischen Wort „Midlife crisis" bezeichnet. Der Mensch fühlt sich auch innerlich leer, antriebslos, todverwandt. Nur wenn man diese Zeit als Prüfung anerkennt, als eine Situation, in der uns der Herr des Schicksals selber auf die Probe stellt, werden wir darin eine Christuserfahrung machen. Denn das ist der Sinn der Prüfung in der Mitte des Lebens.

Im 6. Kapitel seines Evangeliums berichtet Johannes, wie Christus mit seinen Jüngern auf den Berg steigt. Dort oben hebt er seine Augen und sieht eine große Schar Menschen, die ihm gefolgt sind. Er fragt die Jünger: „Woher sollen wir Brot nehmen, um diese Menschen zu sättigen?" Und Johannes fügt hinzu, daß Christus diese Frage stellte, um sie auf die Probe zu stellen. Nun kann man fragen, was diese Probe sei und ob die Jünger sie bestanden haben? Philippus wendet seinen Menschenverstand an und stellt fest, daß sogar dann, wenn sie 200 Denare hätten und dafür Brot kaufen könnten, es für so viele nicht reichen würde. Andreas folgt nicht dem Verstand, sondern schaut für einen kurzen Augenblick eine Realität, ein Bild, einen Knaben mit fünf Broten und zwei Fischen. Er spricht aus, was er sieht, und stellt es doch gleich wieder in Frage: „Was bedeutet das unter so vielen?" Nur einen Augenblick lang hielt er für möglich, was ihm das Bild des Knaben eingab.

Beide, Philippus und Andreas, erleben ihre völlige Ohnmacht gegenüber dieser Situation und bekennen sich dazu. Sie hätten ja auch ausweichen und sagen können: Herr, du kannst ihnen doch helfen. Dann hätten sie sich nicht dem Erleben der eigenen Ohnmacht ausgesetzt. Sie hätten auch sagen können: Das ist doch nicht unsere Sache. Die Menschen sollen doch selber sehen, wo sie etwas zu essen herbekommen. Aber auch das war für sie nicht die gemäße Antwort auf die Frage des Herrn. Indem sie die Ohnmacht durchlitten und indem Andreas auf das Kind aufmerksam wurde, haben sie die Prüfung bestanden. Denn nun konnte das Wirken des Christus beginnen. Alle Prüfungen des Lebens, besonders auch die zwischen dem 28. und 35. Lebensjahr, bestehen gar nicht darin, etwas richtig zu machen, etwas zu können, zu wissen und eine gute Note zu bekommen. Es geht vielmehr darum, dem eigenen Ohnmachtserleben nicht auszuweichen, sondern es durchzuleiden. Und zugleich auf das in uns aufmerksam zu werden, das noch ein Kind ist, noch schwach, klein, erst im Werden, im Kommen ist.

Aber gerade das Werdende, das Zukünftige reicht dem Christus, um aus dem wenigen, das wir schon haben, viel hervorgehen zu lassen. Die Midlife-Krise birgt immer etwas von diesem Teil des vierten Zeichens. Wer sich der eigenen Ohnmacht stellt und zugleich das Werdende erschaut, es herbeiruft und damit das, was er hat, dem Christus zur Verfügung stellt, der erlebt es wie ein Wunder, aus diesem Tief des Lebens wieder herausgekommen zu sein. Die Lebensumstände haben sich meistens gar nicht geändert, aber er klagt nicht mehr, weder um die verlorenen Ideale noch über die Schlechtigkeit der Welt, noch über sich selbst und sein Unvermögen. Er stellt sich einfach in die Situation und entdeckt seinen winzigen Anteil, seine Möglichkeit zur Hilfe und geht damit durch die Niederungen des Alltags, durch das schmutzige, materielle Leben, durch alles, was den Hunger der Seele hervorruft.

Und wieder ist es der Todüberwinder, der die Seele so erfüllt, daß sie bereit ist zu helfen, wo Hunger herrscht und Helfer gebraucht werden. Mit Golgatha geschah der Niederstieg des Gottes in die Tiefen der Menschenwelt, und das war zugleich der Aufstieg des Menschen in die Höhen der Geisteswelt. So ist auch für uns Menschen das, was uns wie ein Niederstieg in die Tiefen des materiellen Lebens erscheint, zugleich ein Aufstieg in die Sphäre des Christus. Sein Wirken ereignet sich in unserer Seele, indem wir das, was wir vorher beklagten, ablehnten, für unmöglich hielten, jetzt aus Liebe zur Sache, aus Glauben an den

Menschen, aus Hoffnung auf das Werdende doch vermögen. Die Kraft des Jasagens aufersteht aus dem Unvermögen, in dem sie begraben war. Es gibt Künstler, die durch ihr Werk diese Wende in der Mitte des Lebens deutlich zeigen, z. B. Vincent van Gogh und Rembrandt. Ihre Bilder bekommen nach dieser Krise eine neue Helligkeit, ein Licht wie von innen. So kann jeder Mensch nach dieser Krise sein Leben in einem Licht sehen, das nicht mehr von außen beleuchtet, sondern von innen Sinn erstrahlen läßt, Lichtes-Liebe-Sinn wird es in einem der Gebete zur Johanni-Zeit genannt. Wer die Prüfung besteht, kann neu lieben und bekommt von Christus die Nahrung gereicht, die er an die Hungernden austeilt. Denn das vierte Zeichen ist noch nicht vollendet, wenn die Jünger durch die Probe gegangen sind.

Beginn der Zeit des Gebens

Wer das sechste Jahrsiebt, die Zeit zwischen 35 und 42 Jahren als eine Zeit der Hingabe erlebt, der erfährt in diesem Abschnitt seiner Biographie eine tiefe Erfüllung. Sowohl im Beruf wie im übrigen Leben hat man viele Erfahrungen gemacht. Wohl dem, der nie aufgehört hat, vom Leben zu lernen. Er fühlt nun eine gewisse Sicherheit, kann aus einem Erfahrungsschatz wirken, und Erschütterungen treten seltener ein, weil man nicht mehr Täuschungen unterliegt, die ent-täuscht werden können. Manche Menschen schließen heute erst in diesem Alter ihre jahrelang gelebte Ehe nun auch rechtlich und lassen sie sakramental segnen, weil sie jetzt reif geworden sind zu geben, ohne gleich Gegengaben zu erwarten. Sie sind durch alles Vorangegangene fähig geworden, zu lieben, denn wahre Liebe gibt hin, ohne zu fordern, und empfängt vom anderen Geschenke, die weder verlangt sind, noch abgerechnet werden. Die Weisen alter Zeiten wußten um das Geheimnis der Zahl. Platon nannte die Zahl 6 die Zahl der Harmonie.

Am sechsten Schöpfungstag wurde der Mensch geschaffen, zum Ebenbild Gottes, als einer, durch den die Verbindung zwischen Gott und seiner Schöpfung auf immer neue Weise hergestellt werden soll. Der sechste Tag der Woche wurde unter der Wirkung des Venussterns erlebt, von dem die Göttin der Liebe ausstrahlt. An einem sechsten Tag, dem Karfreitag, vollbrachte Gott für die Menschen seine große Liebestat und opferte sich in das Menschentum hinein. Johannes erfährt in seiner Offenbarung den Namen der sechsten Kulturepoche, Philadelphia, d. h. Bruderliebe. So kann der Mensch auch im sechsten Jahrsiebt ein inneres Gleichgewicht zwischen Geben und Empfangen erleben. Das kann manchmal so stark werden, daß er sein Hingeben an andere selber wie ein Empfangen erlebt. Das Glück, von sich etwas geben zu können, kann so groß sein, daß er sich wie ein Empfangender fühlt. Und wenn er von anderen etwas empfängt, fühlt er schon, wie es sich in ihm zu etwas umwandelt, das er geben kann. Er opfert z. B. einem jungen Menschen Zeit und Kraft, um in ihm Weltinteresse und Freude an sinnvoller Arbeit zu wecken. Und indem er viel von sich hingibt, fühlt er sich beschenkt durch die Bereicherung, durch die Freude, durch das Aufwachen und den Einsatz des Jungen. Und wenn er eine neue Erfahrung macht, eine Einsicht gewinnt, ein Erlebnis hat mit Kunst, Natur, im Schicksal, wenn er sich auf irgendeine Weise beschenkt fühlt, dann fühlt er schon im Untergrund seiner Seele die Gebärde des Gebens.

Das, was er empfängt, beginnt sich schon umzuwandeln in das, was er geben möchte. Voraussetzung für diese Harmonie ist allerdings, daß er die Prüfung im fünften Jahrsiebt auf die geschilderte Weise bestanden hat. Sonst zieht sich die Ohnmachtssituation noch ins sechste Jahrsiebt hinüber. Man kann diese ganze Zeit im Bild der nun sich vollziehenden Speisung der 5000 sehen. Christus hat die fünf Brote und zwei Fische von dem Knaben entgegengenommen. Im Aufblick zum göttlichen Vater hat er sie gesegnet. Dann gab er sie den Jüngern, und diese verteilten die Speise unter die hungernden Menschen. Zuvor hatte er sie noch aufgefordert, dafür zu sorgen, daß die Menschen sich im Gras in Gruppen zu je fünfzig Personen niederlassen. Nach dem Essen bat er sie, die übriggebliebenen Brocken einzusammeln. Es wurden zwölf Körbe damit gefüllt.

Als in einer Religionsstunde die Geschichte erzählt wurde, rief ein Kind an dieser Stelle: Für jeden Jünger einen Korb. Nach dem Erleben des eigenen Unvermögens nun aus den Händen des Christus die gesegnete Speise zu empfangen, die man den anderen Menschen weiterreicht, bringt die Harmonie in das sechste Jahrsiebt. Wie geschieht das? Indem man nicht der Versuchung unterliegt, sich selbst für besonders tüchtig zu halten, wenn einem etwas gelingt, sondern zu danken, daß es einem gegeben wurde, zu helfen: Not zu lindern, zu speisen, einer Seele Freude oder Mut oder Liebe als Nahrung zu reichen. Und indem man auch der anderen Versuchung nicht unterliegt, daß man das, was gebraucht wird, nicht geben könne, weil man schwach, unfähig, unwürdig sei, sondern zu vertrauen, daß man Werkzeug, Helfer, Mittler sein kann für den, der jedem aus seinem Schicksal heraus die Nahrung reicht, die er braucht. Danken für das, was mir möglich war an Hilfe und Dienst für andere; Vertrauen auf das, was mir selber unmöglich scheint, weil ich nur Werkzeug für die Schicksalsnahrung des anderen bin und mir nicht anmaßen darf, selber Schicksal zu spielen. Kommt es nicht immer wieder vor, daß ein Wort, eine Tat von uns einem andern Menschen sehr viel bedeutet hat, und wir haben das selber gar nicht beabsichtigt? Aber ein anderer hat durch uns den Menschen in seinem Hunger erreicht und gespeist. Genauso können wir durch einen anderen Menschen das rechte Wort, die rechte Tat erfahren, und dieser weiß es nicht, hat nur getan, was ihm im Schicksalsaugenblick durch den immer Geistesgegenwärtigen, den Christus, eingegeben wurde.

Der Jünger teilt die Speise aus, die Christus durch ihn den Hungernden reicht. Unser Anteil daran ist, zu danken und zu vertrauen, daß wir so dienen dürfen. Die Vorbereitung auf solche Speise ist uns Menschen selber anvertraut. Denn damit sie eintreten kann, braucht man einen Ort mit viel grünem Gras und eine gewisse Ordnung unter den Menschen, „Gruppen zu je fünfzig". So kann den Kindern nur dann Seelennahrung in einer Schule zuteil werden, wenn es ein Ort des Lebens ist, wenn Rhythmus, Bewegung, inneres Wachstum gepflegt und zugleich auf soziale Ordnungen geachtet wird. Die Klassen sollten weder zu groß noch zu klein sein. Der Inhalt der verschiedenen Fächer kann jeweils in einem Zusammenhang stehen. Jeder Lehrer kann aus seiner Freiheit und doch als ein Glied des ganzen Schulorganismus heraus den Unterricht gestalten.

Noch vieles kann in der Schule lebensgemäß und geordnet sein. Dann werden die Schüler erfahren, daß sie Nahrung bekommen, auch wenn sie nicht wissen, von wem diese Nahrung stammt. Der Lehrer sollte es in der oben geschilderten Weise mit Dank empfangen und mit Vertrauen weiter reichen. Genauso geht es in jedem anderen Berufs- und Gemeinschaftszusammenhang um die Schaffung von Leben und Ordnung, damit die Speisung geschehen kann. Wo bloß Ordnung herrscht, ohne Leben, da gibt es keine Seelennahrung, z. B. in einem verwalteten Betrieb, der auf das wirkliche Leben keine Rücksicht nimmt. Wo nur Leben herrscht, aber ohne Ordnung, da gibt es auch keine nährende Kraft, z. B. im Chaos mancher Wohngemeinschaften und Familien. In allen sozialen Zusammenhängen muß von Menschen dafür gesorgt werden, daß grünes Gras, also Leben sich entfalten kann und gleichermaßen Ordnungen gebildet werden.

Das ist die durch Menschen hergestellte Voraussetzung, daß der Hunger in der Welt gestillt werden kann, der Hunger nach Brot genauso wie der Hunger nach Liebe und der Hunger nach Erkenntnis. Nach der Speisung werden die Jünger auch gebraucht. Sie sammeln die Reste in Körbe ein. Was sie damit tun, wird nicht gesagt. Aber das Leben kann es uns zeigen. Schon gegenüber dem äußeren Brot empfindet man es als Unrecht, wenn es weggeworfen wird. Wenn es zu alt und hart geworden ist, sollte man es einweichen und eine andere Mahlzeit daraus machen. Wenn das nicht geht, sollte man es wenigstens den Tieren geben oder für die Erde zum Kompost werden lassen. Genauso kann man empfinden, daß geistige und seelische Nahrung nicht umkommen darf, sondern eingesammelt werden soll.

Es gibt neue Gelegenheiten, wo die Nahrung gebraucht wird. Es geschieht gar nicht selten, daß ein Lehrer, ganz gleich, ob er Kinder oder Erwachsene vor sich hat, seinen Schülern mehr reicht, als diese aufnehmen können. Wenn er ein guter Lehrer ist, bemerkt er das und reicht es ihnen zu einem späteren Zeitpunkt wieder, oft sogar viele Male. Wenn er ein schlechter Lehrer ist, bemerkt er nicht, wieviel übrig geblieben ist, sammelt es nicht ein, um es zur rechten Stunde zur Verfügung zu haben.

Ein alter Schriftsteller gab einem jungen den Rat, die nötige Pause im Schreiben so einzulegen, daß noch Stoff, weiterführende Ideen übrig sind, mit denen er das nächste Mal das Schreiben neu beginnen kann. Diese Gesetzmäßigkeit gilt überall, wo eine wahre Speisung stattgefunden hat, „damit nichts umkomme". Die Aufgabe des Menschen, zu der er im sechsten Jahrsiebt herangereift sein kann, ist also, die Speisung durch den Schicksalslenker Christus vorzubereiten, indem er für lebendige Ordnungen und geordnetes Leben sorgt. Dann wird er erleben, daß er weiterreichen kann, was er selber empfangen hat, daß er Menschen erreichen darf mit dem, was ihnen nottut, wonach sie existentiell Hunger haben.

Als drittes ist in seine Verantwortung gegeben, dafür zu sorgen, daß nichts umkomme von den Gaben, die vom Werdenden im Menschen genommen wurden, die in göttlicher Weise vermehrt wurden. Denn die seelische und geistige Nahrung, die den Hunger des Menschen stillt, ist nichts Artfremdes, sondern hat ihren Ursprung in ihm selber. Der Mensch hat Anteil an der Liebe, an der Erkenntnis, am Willen zum Guten, aber es reicht nicht, bevor es nicht durch die segnenden Hände des Christus geht und im Aufblick zum Vater. Denn kein Mensch wird in diesen

Bereichen gesättigt, wenn nicht seine Schicksalsgenossen zugleich gesättigt werden.

So kann uns durch drei Jahrsiebente die Geschichte von der Speisung der 5000 zum Urbild für die Erfahrungen mit dem Wirken Christi werden. Zwischen 21 und 28 Jahren den Aufstieg auf den Berg in der Gegenwart des Christus. Zwischen 28 und 35 Jahren die Probe im Erleben der Ohnmacht, des Unvermögens, der Ratlosigkeit. Zwischen 35 und 42 Jahren die Zeit, in der man die empfangene, gesegnete Speise an Hungernde weiterreichen darf in der Verantwortung für das, was vorausgehen muß und was danach geschieht. Für manche Menschen verdichtet sich das Christuswirken in ihrer Biographie bis zu einer eigenen Wahrnehmung seiner Anwesenheit, oder wenigstens bis zu einem Bewußtsein von dieser Wirkung. Aber es geschieht auch dann, wenn es nicht bemerkt, bzw. wenn es anders gedeutet wird, denn daß etwas geschehen ist, was nicht erwartet war, das erlebt jeder, der überhaupt noch erlebensfähig ist. Vieles im Leben wird christlich genannt und ist es nicht. Vieles wird anders genannt und ist ein Wirken Christi. Der Name kann Schall und Rauch sein, wenn er von Menschen mißbraucht wird, um etwas vorzutäuschen. Der Name soll aber, wenn er seinen Sinn erfüllt, die Wirklichkeit des Wesens bezeichnen, für die er steht. Wer sich übt, den Namen Gottes zu heiligen, übt sich zugleich, den Mißbrauch zu durchschauen. Er wird mit der Bezeichnung „christlich" sehr sparsam werden, aber wenn ihm Christliches widerfährt, wird er es erkennen als ein Wirken von Ihm.

Krieg und Frieden im siebenten Jahrsiebt

Rudolf Steiner hat einmal auf die okkulte Regel hingewiesen, daß ein Mensch nicht vor dem 42. Lebensjahr als geistiger Lehrer vor die Öffentlichkeit treten sollte. Nun gibt es ja nur wenige Menschen, die einen solchen Auftrag haben, aber man kann an dieser Regel etwas ablesen, das für alle Menschen gültig ist. Es gehört zu den besonderen Fügungen und Hilfen im Leben, wenn sich ein Mensch an einen anderen wenden kann, der reifer, erfahrener, weiser ist als er, der ihm für die Fragen und Probleme, die er zu lösen hat, ein Lehrer sein kann. Auch auf dem inneren Weg der Seelenschulung suchen viele Menschen einen Ratgeber, einen wissenden Freund, einen geistigen Lehrer. Von der Ichgeburt an, um das 21. Lebensjahr, kann eine solche Seelen- und Schicksalsschulung beginnen, in der uns andere Lehrer sein können. Sie geleiten uns durch die drei Jahrsiebte, die oben mit der Speisung der 5000 verglichen wurden.

Mit 42 Jahren ist diese Art von Lehrer-Schüler-Verhältnis beendet. Dann machen manche Menschen zu ihrem eigenen Erstaunen die Erfahrung, daß nun andere, jüngere Menschen zu ihnen kommen und von ihnen erwarten, daß sie ihnen in der Schule des Lebens ein Lehrer und ein Rater und Helfer werden. Es ist oft gar nicht so einfach, diese Umstellung zu vollziehen. Jahrelang war man selber der Ratsuchende. Nun soll man plötzlich ein Ratgeber sein. Man kommt dabei in Widerspruch mit sich selbst. Vieles kann man zwar raten, weil man es weiß und kennt, aber könnte man es selber auch tun? Und ist dem anderen möglich zu tun, was man ihm rät? Darf man überhaupt anderen Ratschläge geben? Soll ich mich solchem Ansinnen nicht lieber entziehen? Wie soll ich wissen, was für den anderen gut ist? Wie kann ich verantworten, was aufgrund meines Ratschlags entsteht? Aber auch, wenn ich gar nichts sage, geschieht es, daß andere sich an mir orientieren, sich auf mich berufen, so wie ich es bisher mit meinem erwählten Meister der Lebensfragen auch getan habe. Diese Wende vom Schülersein zum Lehrersein ist sehr gravierend, auch wenn sie nicht von vielen Menschen bemerkt wird, und auch, wenn man sich noch eine Weile dagegen wehrt. Sie ist mit inneren Kämpfen, Ängsten, Ausgeliefertsein verbunden.

Wer anderen ein Lehrer und Rater wird, verbindet sich mit deren Karma. Man kann gar nicht vorher wissen, wohinein man da gerissen wird, in welche Schwierigkeiten man dadurch selber kommt. Und doch ist in solche Situation zu geraten unumgänglich, und sei es nur einem einzigen Menschen gegenüber, einem Nachbarn, einem Freund, irgendeinem Hilfesuchenden. Man kann sie aufgreifen oder von sich stoßen. Es wird in jedem Falle Folgen haben. Wie soll man mit dieser Situation schicksalsgemäß umgehen?

Das fünfte Zeichen im Johannes-Evangelium berichtet von der Stillung des Sturmes und gibt eine Antwort darauf (Joh. 6,16–21). Die Jünger kommen vom Berg herab, wo sie als Helfer des Christus Brot und Fisch an die Menschen ausgeteilt haben. Nun sind sie ohne ihn, denn er ist vor der Menge, die ihn zum König machen wollte, auf den Berg entwichen. Sie sind zum See gegangen und in ein Boot gestiegen, um auf die andere Seite nach Kapernaum zu fahren. Es wird dunkel und sie geraten in Seenot. Sie sind ja die Menschen, die von Christus berufen sind, in seinem

Namen zu lehren und zu wirken. Jetzt sitzen sie alle in einem Boot und erleben gemeinsam die Angst vor dem Kentern und Untergang des Schiffes. Sie sind in Gefahr und ohne ihren Meister.

Ihre Situation gleicht der solcher Menschen, die die Probe auf dem Berg bestanden haben, reif wurden, anderen etwas zu geben, und nun ohne ihren Lehrer im Leben stehen. Sie sind nicht allein. Andere in der gleichen Lage wie sie sitzen mit ihnen, wie man sagt, „in einem Boot". Alle, die ihr Leben im Dienst des Christus begonnen haben und auf dem Wege sind, für andere Helfer, Rater, Lehrer zu werden, aus ihren Erfahrungen und dem, was sie lernen durften, weiterzugeben, sie alle kommen in die Not, mit dem gemeinsamen Boot zu kentern, den Stürmen des Schicksals, die das Seelenmeer aufpeitschen, nicht gewachsen zu sein.

Oft werden sie von außen angegriffen, denn die Menge verträgt es schwer, wenn jemand von anderen gefragt und gesucht wird, weil er aus dem Leben spricht und lehrt und „nicht wie die Schriftgelehrten". Oder aus dem eigenen Inneren steigen die Ängste, die Finsternisse, die schwankenden Stimmungen auf, die jegliche Orientierung rauben. Daß es den anderen genauso geht, ist ein schlechter Trost. Und doch sitzen sie alle in diesem einen Boot, müssen es durchstehen, daß ihr Meister sich zurückgezogen hat, daß sie alleine sind in dieser Situation, wo ihr Lebensschiff dem Toben der Elemente, wie sie von außen und innen über sie hereinbrechen, ausgeliefert ist. „Ich kann nicht", wer kennt nicht diesen Schrei der Seele, der sich ihr gerade dann entringt, wenn sie mehr denn je können sollte, im Beruf, in der Ehe und überall, wo von ihr Hilfe erwartet wird.

Und es ist wirklich so. Die berufenen Menschen, und jeder kann es sein, sie können nicht, sie sind dem Unwetter, dem undurchschauten, tobenden Schicksal nicht gewachsen. Der Meister, der immer und alles konnte, ist nicht zu erreichen, ist nicht im Boot. Sie können nicht zu ihm auf den Berg, wo er betet. In dem Augenblick, wo der Mensch anerkennen muß, daß er keinen äußeren Menschen mehr hat, den er fragen, um Hilfe rufen, Weg weisen lassen kann, wo er den Stürmen ausgesetzt ist, zusammen mit allen anderen, die im gleichen Schicksalsboot sitzen, in solchem Augenblick macht er eine ganz neue Erfahrung.

Wer ist derjenige, der über die aufgepeitschten Wogen ganz ruhig daher schreitet? Weil sie ihn nicht erkennen, fürchten sie sich noch mehr. Er aber sagt: „Ich bin – ego eimi, fürchtet euch nicht." Sie erkennen ihn als das alles Ichhafte umfassende göttliche Ich-bin. Sie wollen ihn in ihr Boot nehmen. Da ist das Boot schon an Land, dort, wo sie hinwollten. Er sagt nicht: „Ich bin Jesus, euer Meister", auch nicht: „Ich bin Christus, euer Herr." Er sagt nur: „Ich bin", und weckt damit das Eigene in jedem der Jünger. Im Aussprechen dieses Ich-bin vergeht alle Angst. Alle Stürme legen sich. Noch bevor sie ihn ins Boot aufnehmen, ist es an Land. Der Lehrer, der sie von außen lehrte, ist jetzt in ihnen. Es ist der, der sagt: Ich bin.

Sie erkennen ihn am Frieden, an der Stillung des Sturmes, daran, daß sie dort, wo sie hinwollten, landen konnten. Jedesmal, wenn wir dadurch in Stürme und Seenot geraten, weil wir uns von Menschen überfordert fühlen und wir deshalb mit uns selbst und anderen in Krieg und Streit, in Abwehr, Verteidigung oder auch Angriffe geraten, gilt es zu bemerken, daß auf unseren aufgepeitschten Seelen- und Schicksalswogen das Wesen sich nähert, das früher durch unsere Lehrer und Ratgeber zu uns gesprochen hat und jetzt aus uns zu anderen sprechen will. Es ist immer derselbe, dessen Name heißt: Ich-bin.

Wir sind es selbst und sind es doch nicht selbst, weil es zugleich auch in jedem anderen als sein Ich-bin lebt. Daß wir nicht aus unserem persönlichen Seelenleben sprechen, helfen, raten, sondern aus dem Ich-bin, das im anderen genau so vorhanden ist wie in mir, das erkennen wir daran, daß der Sturm gestillt wird, daß wir dort ankommen, wo wir hinwollten, und daß Friede erlebt wird, die aus dem Krieg der Elemente hervorgegangene neue Substanz, die aus dem Ich-bin aller erzeugt wird, sowohl der Ratsuchenden wie der Ratenden, und vor der die Turbulenzen weichen müssen. Daß aus dem Aufruhr der Seelen und Schicksale eine Einmütigkeit zwischen Gebenden und Empfangenden hervorgeht, daß der eine aus seinem Ich spricht wie aus dem Ich des anderen und jeder meint, der andere spräche aus ihm, das ist die wichtigste Erfahrung, die als Anwesenheit des Christus im siebten Jahrsiebt gemacht werden will. Christus als das Wesen des Friedens. Ein Beispiel soll das Geschilderte am Schluß dieses Kapitels noch verdeutlichen.

Jemand hatte eine ungeheure Schuld auf sich geladen, und weil er nicht wußte, wie er damit weiterleben sollte, hoffte er in seiner Not, von einem anderen Menschen irgendwie entlastet werden zu können, wenn er alles wahrheitsgemäß aussprächne. Als der andere hörte, in welche furchtbaren, ausweglos scheinenden Verhältnisse der geraten war, der sich ihm anvertraute, geriet seine Seele zunächst selber in großen Aufruhr. Ein Gemisch von Empörung, Mitleid und Ratlosigkeit bemächtigte sich seiner. Aber dann gelang es ihm plötzlich, alle Stellungnahme und alle Gefühle zum Schweigen zu bringen und sich nicht damit zu beschäftigen, wie er auf all dies reagieren, was er dem Menschen sagen, raten oder ob er ihm eingestehen soll, dafür auch keine Hilfe bereit zu haben. Er dachte, fühlte, plante nichts mehr hinzu, sondern hörte innerlich schweigend auf das, was der andere sagte. Seine ganze Aktivität war in das Zuhören gegeben. Er hörte nicht nur die Worte, er hörte auch das Leid, die Scham, die Sehnsucht nach Wiedergutmachung, er hörte den Sturm und die Seenot, die hinter den Worten verborgen war. Als der Mensch seine Beichte beendet hatte, stieg in ihm selber eine Antwort auf, noch bevor der andere etwas gesagt hatte. Die wenigen Worte, die dieser dann sprach, hatten den gleichen Inhalt. Ihm war, als hätte der Beichtende aus ihm gesprochen, und diesem war so, als hätte der Zuhörende ihm im Innern die Antwort gegeben, nach der er gesucht hatte. Eine wortlose Stille trat ein. Der Aufruhr in ihrer beider Seelen, der in dem Sprechenden und Hörenden vorher alles aufgewühlt hatte, war einem unbeschreiblichen Frieden gewichen. Sie waren tief bewegt und erschüttert, aber zugleich von einer großen Sicherheit und dem Vertrauen erfüllt, daß es weitergehen würde. Denn beide wußten, wer da aus ihnen wie das Ich des anderen gesprochen hatte. Sie hatten als Wirklichkeit erlebt: „Wo zwei oder drei in meinem Namen, im Namen des Ich-bin zusammen sind, bin ich in ihrer Mitte."

Sehend werden

In den sieben Jahrsiebten, die bisher angeschaut wurden, wirkt das Christuswesen unabhängig davon, ob es der Mensch bemerkt oder nicht, auf seine besondere Weise. Natürlich wird er die biographischen Vorgänge besser verstehen und sie sinngemäß verarbeiten können, wenn er um das Wirken des Christus in seinem Leben weiß und es dankbar und vertrauensvoll zuläßt. Aber etwas davon wirkt auch dann, wenn der Mensch blind dafür ist. Für das Wirken des Christus zwischen 49 und 56 Jahren muß er sehend werden, wenn es überhaupt möglich werden soll.

Im Volksmund nennt man dieses Alter oft den zweiten Frühling. Man fühlt das Alter herannahen, möchte es aber nicht annehmen und ruft darum noch einmal mit allen Mitteln die Jugendkräfte in sich wach. Viele gehen dann eine Ehe mit erheblich jüngeren Menschen ein, die eher Sohn oder Tochter sein könnten. Andere greifen zu leiblichen Verjüngungskuren, wollen durch kosmetische Mittel bewirken, jünger zu erscheinen, und suchen, sich der jungen Generation anzubiedern.

Das andere extreme Verhalten ist, daß man sich dem Alterungsprozeß ganz überläßt, ein Hypochonder wird und den verlorenen Jugendkräften nachtrauert. Beide erleben etwas Reales, können ihm aber nicht den lebens- und wesensgemäßen Platz zuweisen. Denn leiblich gerät der Mensch in diesen Jahren stärker als zuvor in die Alterszone. Zugleich erlebt er, daß die Seele keinem natürlichen Alterungsprozeß unterliegt, sondern im Gegenteil einen Verjüngungsprozeß durchmacht. Das geschieht aber gerade dann, wenn sie beginnt, sich langsam wieder vom Leib zu lösen. So wie der Mensch 21 Jahre braucht, um als geistiges Wesen ganz auf der Erde anzukommen, so braucht er auch, sehr verallgemeinernd gesagt, 21 Jahre, um sich von der Erde, dem Irdischen an sich selbst, wieder zu lösen. Aus diesem Wissen stammt wohl das Bibelwort: „Unser Leben währet siebzig Jahre, und wenn es hochkommt, sind es 80 Jahre...", denn 21 Jahre nach 49 sind 70 Jahre.

Der Menschengeist erlebt auf einer anderen Ebene ein Jüngerwerden vom 49. Lebensjahr an. Aus dem reifen Mannes- oder Frauenalter geht er hinein in ein seelisches Jugendalter, um im hohen Alter das Wort zu erfüllen: „Wenn ihr nicht werdet wie die Kinder, könnt ihr nicht in die Reiche der Himmel gelangen." Dieses Wort meint ja nicht, daß der Mensch kindisch werden muß, sondern daß er sich die Qualitäten des Kindseins auf neuer Ebene und aus eigener Kraft erworben hat. Das ist das Vertrauen zum Schicksal, die Offenheit gegenüber der geistigen Welt, die Liebefähigkeit, die über die persönliche Sympathie hinausgeht, das Staunen-Können bis hin zu dem sokratischen Weisheitswort: Ich weiß, daß ich nichts weiß.

Auf dem Weg zum Wieder-Kind-Werden geht der Mensch aus dem Alter des „Gestandenen" über in eine neue Beweglichkeit der Jugend. Nur darf man dies nicht mit den natürlichen Jugendkräften verwechseln. Wer den Alterungsprozeß seines Leibes aufhalten will, tut es auf Kosten der geistigen Jugendkräfte. Er putscht sich mit äußeren Mitteln auf. Dazu gehören auch jugendliche Lebensformen und Seelengebärden. Oder er läßt sich ins reine Körpersein fallen. Nur wenn er sich aus seiner bisherigen Blindheit herausführen läßt, kann er diesen Fehlentwicklungen im beginnenden Alter entgehen.

Das 9. Kapitel des Johannes-Evangeliums schildert diesen Prozeß der Blindenheilung (Joh. 9, ganz). Daß der Mensch blind ist, ist nicht die Folge irgendeiner Schuld, sondern die Voraussetzung, damit sich Gott durch ihn offenbare. Es gehört zur Gesetzmäßigkeit des Lebenslaufs, daß der Mensch bis zum 49. Jahr blind für das vielfältige Leben des Ichwesens in der Menschenwelt ist. Natürlich kann er dem Ichwesen verschiedener Menschen begegnet sein und mit ihnen Erfahrungen gemacht haben. Aber dafür, wie Christus in ihnen allen lebt, ist er blind, auch wenn darüber gepredigt und geschrieben wird. Er kann es wissen, aber noch nicht erleben. Ausnahmen gibt es immer.

Wie geschieht nun die Heilung an dem Blinden? Christus tritt zu ihm, ungerufen, macht einen Teig aus Erde und seinem Speichel, legt ihm diesen auf die Augen und sagt ihm, er soll sich in dem Teich Siloah waschen. Dieser Name heißt auf deutsch „ausgesandt". Der Blinde tut es und wird sehend. Was ist geschehen? Man hat festgestellt, daß der Speichel eines Menschen genauso individuell ist wie sein Blut. Jeder, der eine Blutübertragung bekommen hat, weiß, wie sein Körper arbeiten mußte, um das fremde in eigenes zu verarbeiten. Der Speichel eines anderen Menschen ist einem nur dann nicht eklig, wenn man ihn sehr liebt und die intime Art des Nahekommens und Vermischens mit dem anderen dieser Liebe leiblich entspricht.

Christus mischte einen Brei von dem Stoff der Erde, die nach seiner Auferstehung Träger einer Geistigkeit werden soll, und von der Substanz seines Leibes, die jetzt schon

Träger seiner Geistigkeit ist, legt dies auf die blinden Augen. Wo er einmal sehend werden soll, dringt diese zweifach von Geist durchdrungene Stofflichkeit in ihn ein. Was zurückbleibt, wird von dem lebendigen Wasser der Aussendung weggewaschen. Wie der Mensch in der Jugend eine Aussendung erleben kann, z. B. in seinen Beruf oder in eine Aufgabe unter den Mitmenschen oder um eine bestimmte Erfahrung, eine Fähigkeit für andere Menschen hinauszubringen, so auch in dieser geistigen Jugendzeit.

Dazu muß aber die Berührung mit dem Geist der Erde und mit dem Ich-Wesen der Menschheit vorausgegangen sein. Denn dafür wird er sehend, wenn er es an sich geschehen läßt. Es geht jetzt nicht mehr um die Verwirklichung seines persönlichen Wesens und Schicksals, sondern darum, daß er Wesen und Schicksal des Christus wie sein eigenes erlebt und dafür sehend wird. Von nun an wird er nicht nur sehen, wenn ein Mensch leidet, oder auch das Leiden bejaht, freudig trägt, sondern wie der Christus in diesem Menschen leidet.

George Ritchie erzählt in seinem Buch „Rückkehr von morgen", wie er in den sieben Minuten, in denen er klinisch tot war, von einer Lichtgestalt geführt wurde, die er als Jesus erkannte. Im späteren Leben hat er in seltenen Situationen Menschen getroffen, aus deren Augen ihn das gleiche Wesen anschaute, das ihn damals führte. Das war unter anderem ein Mann, der in dem KZ lebte, das durch seine Truppen befreit wurde. Die Häftlinge waren dem Hungertod nahe. Dieser eine aber war in einem so guten Zustand, daß sie vermuteten, er sei erst ganz kurz im Lager gewesen. Dann erfuhr Ritchie seine Geschichte. Er war von Anfang an, durch viele Jahre, im KZ. Seine Frau und seine Kinder hatte man vor seinen Augen erschossen. Danach stand er vor der Entscheidung, die Mörder seiner Familie ein Leben lang zu hassen und die böse Kraft, die seine Familie vernichtet hatte, mit seinem Haß fortzusetzen, zu stärken, oder zu lieben, seine Feinde zu lieben. Er entschloß sich für das Letztere. In diesem Mann erlebte Ritchie, wie Christus durch einen Menschen und ein Mensch durch Christus lieben kann. Durch manche Menschen leidet er, durch andere liebt er im Leid. Wieder durch andere verwandelt er das Leid in die Kraft des Reifens, des Verstehens.

Und ebenso kann ein Mensch durch einen anderen für die Freuden des Christus sehend werden. Nicht nur, was zwischen Menschen geschieht, sondern was Menschen der Erde Gutes tun, kann real als Freude des Christus erlebt werden. Denn dieses Sehendwerden, wie es der Blindgeborene erfuhr, war nicht die Folge seines eigenen Schicksals, sondern geschah, „damit Gott sich durch ihn offenbare". Von nun an lebt er das Schicksal Gottes als sein eigenes, wo immer es ihm begegnet. Durch das Sehen des Christus-Schicksals ist er auf neue Weise in die Welt ausgesendet. Er hat sich so verändert, daß die Menschen um ihn herum nicht sicher sind, ob er es ist. Die einen sagen, er ist es. Die anderen sagen, er sieht ihm nur ähnlich. Da ergreift er das Wort, nämlich das Wort, das im Johannes-Evangelium nur Christus für sich anwendet. Dieser Sehendgewordene ist der einzige Mensch, der dieses Wort ausspricht: Ego eimi, Ich bin. Denn es ist von nun an der Gott, der sich durch ihn offenbart und dessen Schicksal er als sein eigenes mitlebt. So muß er erleben, wie seine Eltern ihn aus ihrer Verantwortung entlassen. Auf die Fragen, ob er blindgeboren und wie er sehend geworden sei, bestätigen sie die erste. Zu der zweiten sagen sie: Fragt ihn selbst. Er ist alt genug. Wer sehend geworden ist für das Christusschicksal heute, kann sich nicht auf Vergangenes berufen, sondern muß aus sich selbst dafür zeugen. Auch aus der Religionsgemeinschaft wird er ausgestoßen. Er tritt den Priestern und Schriftgelehrten als freier Mensch entgegen, nimmt sie nicht als Repräsentanten hoher Würden und Hüter der Überlieferungen, sondern spricht mit ihnen von Ich zu Ich. Dem sind sie noch nicht gewachsen. Sie sind noch Feinde des göttlichen Ichbin und werfen ihn hinaus.

Der Mensch zwischen 49 und 56 Jahren erfährt auf eine ganz neue Weise die Einsamkeit. Denn es macht einsam, Dinge zu sehen, die andere nicht sehen. Es macht einsam, vieles geschehen lassen zu müssen, weil andere es so wollen und noch nicht zulassen können, was aus dem Schicksal des Christus geschehen könnte. Ein Mensch erlebte diese Einsamkeit, als er sah, wie ein geliebter anderer in sein Unglück rannte, von ihm aber weder Rat noch Hilfe annahm. Er sah alles, hätte es verhindern können und wurde doch von diesem ihm so nahen Menschen nicht zugelassen. In seiner Not betete er für den anderen. Da hörte er plötzlich Christus zu sich sprechen. „Was du jetzt so schmerzlich mit diesem einen Menschen durchleidest, das erlebe ich täglich unzählige Male. Wie wollte ich den Menschen helfen, sie warnen, sie begleiten, wenn sie in Gefahr und Not sind, aber sie lassen mich nicht an sich heran."

So wurde der Betende von Christus aufgesucht und konnte an seinem Schicksal Anteil nehmen. Als der ehemals Blinde und sehend Gewordene von allen Menschen abgewiesen worden war, fand ihn Jesus. Er hat ihn also gesucht. Christus sucht den Menschen in solcher Verlassenheit und findet ihn auch. Und dann fragt er ihn, wie es das Evangelium berichtet: „Glaubst du an den Sohn des Menschen?" Das heißt, glaubst du an den, der aus dem Menschentum heraus geboren wird? Glaubst du an den, von dem du ein Teil bist und er ein Teil von dir? Glaubst du an den Ich-bin? Glaubst du an den Menschensohn?" Und der Sehende antwortet: „Herr, wer ist es, daß ich an ihn glaube?" Und Christus antwortet: „Du hast ihn gesehen, du bist für ihn sehend geworden, für den du vorher noch blind warst. Du hast ihn gesehen, und der mit dir spricht, der ist es." Er aber sprach: „Ich glaube, Herr", und betete zu ihm. Wer das Christusschicksal in Menschen- und Erdenschicksal zu sehen vermag, zu dem spricht er auch in besonderen Augenblicken und stärkt ihm den Glauben an den Menschensohn. Das ist der Glaube an das Göttliche im Menschen und das menschennahe Leben des Gottes.

Natürlich ist das kein permanenter Zustand. Es ist dem Auge der Pflanze ähnlich. Die Ansätze zu einem neuen Sproß einer Pflanze nennt man Augen. Überall, wo sich im Herbst ein Blatt löst und stirbt, bildet sich das Auge, aus dem im Frühjahr der neue Sproß hervorgeht. Das Auge schläft viele Monate, bis seine Zeit gekommen ist, der neue Frühling mit Licht, Wärme, Feuchtigkeit und allen Auge weckenden Bedingungen. Wenn ein Erlebnis des Sehenden verklungen ist, schläft das neue Auge darunter so lange, bis die Zeit gekommen ist, aufs neue das Christusschicksal zu erleben. Aber es schläft nur, es ist schon da, kann nicht mehr blind werden.

Wer im achten Jahrsiebt von der Blindheit geheilt wurde und an den Menschensohn glaubt, geht durch

Schlafen und Wachen, aber er bleibt ein Sehender. Er erhält Anteil am Christus-Schicksal, so wie Christus sich durch sein, des Menschen, Schicksal offenbart.

Wiedergeburt im Sterben

Mit 56 Jahren durchlebt man seinen dritten Mondknoten. Alle 18 ⅔ Jahre wiederholt sich die Konstellation, die Sonne und Mond bei der Geburt zueinander hatten. Das nennt man einen Mondknoten. Wie durch die Geburt des Menschen der Geist in den Leib hineingestorben ist, damit der Leib leben kann, so kommt der Mensch bei jedem Mondknoten in die Todeszone, um als ein verwandelter daraus hervorzugehen, oder er bleibt für den Rest des Lebens ein Sterbender. Es gibt Menschen, die schon beim zweiten Mondknoten, in der Zeit der Midlife-Krise, innerlich nicht mehr wachsen und Entwicklungen durchmachen.

Mit 56 ist diese Gefahr noch größer. Der mißverstandene zweite Frühling hat Enttäuschungen gebracht. Nun überläßt man sich den Alterungsprozessen des Leibes. Man glaubt, die Welt zu kennen. Die Jungen, so meint man, wissen nichts und machen Blödsinn. Die Altersgenossen sind auch nicht klüger als man selber. Das Leben ist Routine geworden. Man meint, es wiederholt sich alles, sowohl im politischen Leben der Völker wie auch im Einzelschicksal der Menschen. Viele Menschen geraten in diesem Alter zwischen 56 und 63 Jahren in Depressionen, in Resignation, in solche innere Verfassung, von der Christus einmal zu einem, der Jünger werden wollte, sagte: „Laß die Toten ihre Toten begraben."

Und doch gehört das Sterbeerlebnis sehr stark in dieses Lebensalter. Es gilt in besonderem Maße der Spruch von Angelus Silesius: „Wer nicht stirbt, eh' er stirbt, der verdirbt, wenn er stirbt."

Es gibt auch Menschen, die in diesem Alter noch einmal einen ganz neuen Impuls ergreifen und durchführen, weit über das sogenannte Pensionsalter hinaus. Eine Apothekerin erhielt in diesem Alter eine Erbschaft und kaufte damit in einer kargen Gegend ein Stück Land. Zusammen mit ihrer jüngeren Freundin bewirtschaftete sie ihren Hof biologisch-dynamisch und weckte zugleich bei einigen Bauern des Dorfes für diese neue Methode Interesse. Eine andere Frau gab in diesem Alter ihren Beruf auf und bildete mit Jugendlichen Theatergruppen, um sie aus der Hölle der Großstadt herauszuholen. Ein Mann, der beim Militär gearbeitet hatte, legte seinen Beruf nieder und zog einen Naturkostladen auf, in dem er gemütliche Sitzecken einrichtete und mit Menschen ins Gespräch zu kommen suchte. Auch die Menschen untereinander lernten sich kennen und kamen gern in seinen Laden.

Es muß aber gar nicht ein äußerer Neubeginn sein, der zeigt, wie der Mensch eine innere Geburt durchgemacht hat und aus dem Toten, dem Ende, der Starre herausgekommen ist. Das siebente Zeichen im Johannes-Evangelium ist Urbild auch für das Wirken des Christus im neunten Jahrsiebt (Joh. 11). Die Geschichte von der Auferweckung des Lazarus ist der Bericht eines Einweihungsvorgangs, den Christus zum erstenmal in aller Öffentlichkeit vollzieht. Er hatte Mysterienverrat begangen, und darauf stand Todesstrafe. Das ist unter anderem ein Grund, warum die geistlichen Führer des Volkes Christus nach dem Leben trachteten. Seitdem ist aber der Einweihungsvorgang jedem Menschen zugänglich. Wenn es auch keiner so wie Lazarus erfahren wird, der aus dem Grabe hervorgerufen wurde, und als Johannes die Fähigkeit mitbrachte, Offenbarungen über die Geschichte der Menschheit zu empfangen und aufzuschreiben. Er wurde uralt und lehrte die Menschen zu lieben. Lazarus Johannes war der erste Jünger des Christus, der diese Stufe, Christusjünger zu sein, wirklich erfüllte. Darum hieß er „der Jünger, den der Herr lieb hat".

Jeder Mensch ist auf dem Weg, ein solcher Johannes zu werden. Er kann die Schicksalseinwirkung immer erfahren, aber eine dafür besonders geeignete Zeit ist das jetzt zu betrachtende Lebensalter: Da ist schon viel vorausgegangen. War der Mensch fähig, wie es Jesus von Lazarus, dem reichen Jüngling, auf dessen Frage gefordert hatte, all seinen Jugendreichtum zu verkaufen und den Erlös den Armen zu geben? Nicht nur äußerer Reichtum ist gemeint, sondern alle inneren Errungenschaften des bisherigen Lebens. Was hat er mit seinem Wissen, seiner Erfahrung, seinen Fähigkeiten, seinen Neigungen gemacht? Sich selbst damit bereichert oder für andere hingegeben? Auch der reiche Jüngling ging traurig fort, als er diesen Auftrag bekam (Markus 10/21). Und trotzdem wird von ihm gesagt, daß der Herr ihn liebte. Dieses Hergeben der eigenen Kräfte ist ein lebenslanger Prozeß, der scheinbar in den Tod führt. Aber für diesen Vorgang gilt das Wort, das Christus damals von der Krankheit des Lazarus sagte, als dessen Schwestern ihn rufen ließen: „Diese Krankheit ist nicht zum Tode, sondern zur Offenbarung Gottes, daß der Sohn Gottes sich durch sie offenbare."

Jeder Mensch hat im beginnenden Alter eine Krankheit, die er wie eine Todeskrankheit erlebt, denn sie mahnt ihn daran, daß er unweigerlich auf den Tod zugeht, gleichgültig, ob ihm bloß noch eine kurze oder aber längere Frist gegeben ist. Sie mahnt ihn, daß er als Erdenmensch den Tod in sich trägt. Diese Krankheit kann sich leiblich oder seelisch äußern, sie betrifft immer die Seele in ihrer Doppelnatur, denn die Seele ist sowohl leib- wie geistorientiert. Der aber durch diese Krankheit hindurchgeht, ist der Ich-Mensch, die Individualität. Das Ichwesen des Menschen hat sich ganz in die Anforderungen des Lebens hineinbegeben, oder auch in die persönlichen Befriedigungen. Es ist ihm nichts mehr geblieben. Alles, was ihn einmal innerlich reich gemacht hat, ist gestorben. Obwohl er leiblich lebt, fühlt er sich gestorben. Die hohen Stunden seines Lebens trägt er noch in Erinnerung, aber sie verblassen und er gerät manchmal in Zweifel, ob sie wirklich so waren, oder ob er sich nicht vielleicht vieles eingebildet hat. Das Bild, das er von sich selbst hatte, als das eines Menschen, der anständig, fleißig, erfolgreich, innerlich strebend, um Wahrheit bemüht war, verändert sich. Die Versäumnisse treten in den Vordergrund, die vielen verpaßten Gelegenheiten, wo andere Liebe von ihm gebraucht hätten, wo er bequem war und nicht konsequent im Geistigen. Sein Fleiß und Erfolg im äußeren Leben waren in Wahrheit auch Flucht vor sich selbst. Oft hat er sich über andere erhoben und nicht bemerkt, daß er an derselben Schwäche litt wie sie. Unendlich viele solcher Selbsterkenntnisse treten ihm vor die Seele. Er fühlt sich sterbenskrank, ja er erlebt sich wie gestorben. Der nach außen orientierte Teil seiner Seele, des Lazarus Schwester Martha verwandt, wendet sich an den Arzt und Heiler, sucht dort Befreiung von der Depression, von den kranken Zuständen seines Leibes. Der nach innen orientierte Teil seiner Seele, des Lazarus Schwester Maria verwandt, wendet sich an den Sündenvergeber, ruft im Gebet um Hilfe. Beide sagen mit einem gewissen Vorwurf zu Christus: *„Wärest du hier gewesen, mein Bruder wäre nicht gestorben."* Denn die Seele wehrt sich dagegen, daß das Ichwesen in diesen Zustand gerät, und macht dem Gott, dem Schicksal, dem Himmel den Vorwurf, nicht rechtzeitig gekommen zu sein und das Unglück nicht verhindert zu haben. Aber der Schicksalsführer, das göttliche Ichwesen weiß, warum es fern geblieben ist.

Der Mensch muß allein durch diese Todeszone gehen, er muß diese vernichtende Begegnung mit sich selbst durchstehen. Er muß auf diese Weise sterben, bevor er leiblich stirbt. Seiner nach außen orientierten Seele, Martha, wird die Wahrheit zuteil: *„Ich bin die Auferstehung und das Leben. Wer an mich glaubt, der lebt, auch wenn er stirbt."* Seine nach innen orientierte Seele löst die erweckende Tat des Christus aus. Er tritt vor das Grab und ruft ihn beim Namen. Denn jeder Mensch wird von Christus geliebt. Wer diese Liebe annimmt, sie zuläßt, der versteht, daß sein Sterbeerlebnis die Voraussetzung ist für ein Leben, das dem Tod nicht mehr unterstellt ist, weil es ein Teil des Christuslebens geworden ist, und erlebt, daß dieser Gedanke anfängt, Wirklichkeit zu werden, schon jetzt und hier im Erdenleben.

Im Märchen von den Goldkindern wird erzählt, daß der eine der goldenen Brüder, der sich in ein Bärenfell hüllte, um sein Gold zu verbergen, dem weißen Hirschen, seinen Illusionen, nachjagte, er kam in den Bereich der Hexe, die ihn mit ihrem Zauberstab in toten Stein verwandelte. Da machte sich der himmlische Goldbruder auf den Weg, ging in die Todeszone und befahl der Hexe, dem verzauberten Bruder seine lebendige Gestalt zu geben. So macht der Mensch in den Augenblicken, wo er im Anblick seiner Illusionen und im Erwachen für seine Erdverhaftung vor Entsetzen über sich selbst erstarrt, die Erfahrung, daß ihm sein göttliches Ich naht, ihn bei seinem wahren Namen ruft und er wie ein Neugeborener aus dieser Todesstarre, die ihm zugleich Einblick in seine eigene geistige Wirklichkeit eröffnete, in das Erdenleben zurückkehrt.

So wie Christus von Paulus bezeichnet wird als der Erstgeborene unter denen, die mit einer Auferstehungsleiblichkeit bekleidet sind, als der neue Adam, so kann Lazarus als der Erstgeborene bezeichnet werden, der die vollständige Wesensverwandlung durch Christus erfuhr. Wir Menschen müssen durch viele Inkarnationen gehen, bis unsere Auferstehungsleiblichkeit am Ende der Erdenzeit gebildet sein wird, weil das gilt, was Christian Morgenstern in einem Gedicht aussprach: „Da gilt nur noch der ach so schwache Hauch, der von dem Christus lebt in mir." So müssen wir auch viele Male durchleben, was Lazarus als ein Erstgeborener im Erfahren von Tod und Auferweckung durch Christus einmal erlebte.

Manche Menschen machen schon in diesem Leben mehrmals etwas durch von diesem Schwellenerlebnis, manche nur einmal, manche bewußt noch gar nicht. Aber das Lebensalter zwischen 56 und 63 Jahren ist immer ein besonderes Angebot dafür. Denn die Sterbeerlebnisse in Form von Selbstanschuldigungen oder Lebensenttäuschungen, in Form von Selbstwahrnehmung und das Bemerken, wie unabänderlich das ist, was man selbst so verursacht hat, diese Todesprozesse können von uns als kleine Einweihungen durchlebt werden, durch die wir die Nähe dessen bemerken, der uns hilft zu tragen, wozu uns selbst die Kraft fehlt. Durch sein Wirken in unserem Schicksal wird uns möglich, mit dem Gewesenen so umzugehen, daß wir daran wachsen, daß wir andere Menschen besser verstehen, daß wir in aller Einsamkeit den anderen lieben können, weil wir den Gott in ihm lieben, der um ihn genauso ringt wie um uns selbst.

Ein Beispiel möge wieder zeigen, was mit dem Christuswirken in diesem Lebensalter gemeint ist. Jemand stand mit seinem Auto an einer Ampel, die auf Rot geschaltet war. Es war kaum Verkehr, und er selber war in einer ruhigen Verfassung. Nach einer Weile fuhr er los und stieß auf der Kreuzung mit einem anderen Fahrzeug zusammen. Er war fest überzeugt, daß der andere bei Rot weitergefahren sei. Aber eine Frau, die hinter ihm gestanden und völlig neutral war, sagte ihm, sie habe sich gewundert, daß er noch bei Rot losgefahren sei. Da wurde ihm deutlich, daß er wohl beim Umschalten der Fußgängerampel auf Grün automatisch reagiert haben mußte und so den Unfall verursacht hatte. An diesem Erlebnis wachte er dafür auf, zu bemerken, daß er sehr oft in seinem Leben unbewußt reagierte, automatisch handelte und auf diese Weise sehr oft andere Menschen verletzte oder lebendige Vorgänge störte, manches zerbrach und Scherben hinterließ, die nicht mehr gutzumachen waren. Und nicht nur die Vergangenheit sah er so vor sich, sondern zu seinem Entsetzen bemerkte er, wie ihm diese Eigenschaften schon zur festen Gewohnheit geworden waren, wie schwer, ja unmöglich es war, sich davon zu befreien. Nach einiger Zeit bekam er eine Krankheit, die ihn monatelang aus dem gewohnten Leben herausriß und ihn körperlich sehr schwächte. Zuerst wehrte er sich noch dagegen, bis er bemerkte, daß ihm die Krankheit das Mittel werden konnte, aus allen Erstarrungen, aus allem unbewußten Reagieren allmählich herauszukommen. Er hatte in dieser Zeit einen Traum: Er war mit Freunden auf einer Almhütte und feierte dort seinen Geburtstag. Sein leiblicher Geburtstag war im Winter, aber das Traumerlebnis war im Sommer bei schönstem Sonnenwetter. Alle waren guter Stimmung. Da sagte jemand: „Jetzt kommt noch dein Geburtstagsgeschenk von Michael Ende." Um die Wegbiegung kam ein Bauer mit einem Schubkarren, und darauf stand eine Mülltonne. Das war das Geburtstagsgeschenk.

Der Mann erwachte und wußte, daß es nun darum ging, alles Überflüssige, alles Verbrauchte, alles hart oder faul Gewordene der Mülltonne zu übergeben. Er machte sich an die Arbeit. Er war noch mitten im Verwandlungsprozeß, war noch nicht aus dem Grabe hervorgekommen, da erlebte er, wer sich durch all diese Begebenheiten ihm kundtun wollte. Er wußte nicht, wie lange all diese Ungewißheiten dauern und wohin das alles führen würde, aber die Führung selber wurde ihm immer mehr zur Gewißheit. Er konnte den nicht sehen, der seine Lebenseinweihung leitete, aber er fühlte sich nur durch einen Nebelschleier von ihm getrennt und war sich seiner gewiß.

Der goldene Bruder war auf dem Weg zu ihm, auch wenn es noch lange dauern sollte, bis die Hexe auf seinen Befehl den zu Stein Gewordenen zu einem neuen Leben zurückholen würde. Es geschah nicht in einem Augenblick, sondern durch lange Jahre, daß er auch sein Bärenfell ablegte und sein eigenes Gold, dem Bruder verwandt, zum Vorschein kam. Die Menschen ließen es als Altersweisheit in ihr Leben strahlen, und es war doch in Wirklichkeit das Gold des Jünger-Werdens. Indem er innerlich jünger wurde, war er auf dem Wege, ein Jünger zu werden, den der Herr lieb hat. Er war auf dem Weg, auf dem jeder Mensch geht. Er war keine Ausnahme, nichts Besonderes, sondern ein Menschensohn und Bruder aller, denen Christus der goldene Bruder ist.

Niemand kommt zum Vater, denn durch mich

Im zehnten Jahrsiebt zwischen 63 und 70 Jahren muß man noch einmal durch große Verlusterlebnisse gehen. Man kann sich nun über das Erleben des Alters nicht mehr hinwegtäuschen, die Körperkräfte nehmen spürbar ab, die Gebrechen des Alters setzen ein, Verbrauchserscheinungen und schicksalsbedingte Krankheiten. Denn was im Alter als Krankheit hervorkommt, ist meistens schon in der Kindheit und Jugend veranlagt worden oder ist die Folge der bisherigen Lebensweise. Das kann sich natürlich auch schon früher zeigen, z. B. bei dem ersten Herzinfarkt Mitte Fünfzig, nach dem aber viele noch so weiterleben wie vorher.

Jetzt werden die körperlichen Beschwerden mehr oder weniger ein ständiger Begleiter. Die Seele geht durch Verlusterlebnisse, weil Freunde und Verwandte der eigenen Generation vor einem selber sterben. Die Vereinsamung des Alters setzt ein. Nur selten ist es gegeben, daß ein Mensch im Alter noch neue Freunde gewinnt. Man erlebt jeden Menschen und auch sich selbst als eine eigene abgeschlossene Welt, der man zwar gerne begegnen, mit der man sich aber nicht vermischen möchte. Wenn man allein ist, sehnt man sich nach Gemeinschaft; wenn man länger mit anderen zusammen ist, sehnt man sich, wieder allein und in der eigenen Welt zu sein.

Ein drittes Verlusterlebnis ist, mit ansehen zu müssen, daß vieles, was man im Laufe des Lebens aufgebaut hat, von anderen gar nicht oder ganz anders weitergeführt wird. Vieles, wofür man gekämpft hat, bricht zusammen. Vieles, wofür man sein Herzblut hingegeben hat, wird nicht mehr geachtet. Wie schwer ist es für einen Menschen in diesem Alter, Verantwortungen wirklich abzugeben und gelassen mit anzusehen, daß es seine Nachfolger ganz anders machen als er, weil sie es aus ihrer eigenen Möglichkeit und Einsicht tun müssen. Keiner kann so sein und wirken wie sein Vorgänger, sondern nur wie er selbst. Keiner ist einfach ersetzbar, und trotzdem wird seine Arbeit, sein Werk weitergeführt.

Der alte Bauer muß dem jungen das Feld überlassen. Der Pionier einer anthroposophischen Einrichtung, der seine hohen Ideale verwirklichen wollte und alles Persönliche hintanstellte, muß zusehen, daß die jungen Nachfolger einen ganz anderen Stil entwickeln, in dem auch persönliches Leben noch Raum hat, aus dem sie die Kraft für das Überpersönliche schöpfen. Der Lehrer, der seine Klasse abgibt, der Arzt, der seine Praxis übergibt, die Großeltern, die erleben, wie ihre Enkel von ihren Kindern ganz anders erzogen werden, als sie es für richtig halten, sie alle und auf allen Gebieten müssen erleben, wie nach ihnen alles ganz anders gemacht wird.

Im körperlichen, menschlichen und beruflichen Bereich gerät man in eine große Verlassenheit. In dem Wort Verlassenheit steckt das Wort *lassen*. Man kann die eigene Verlassenheit überwinden, wenn das Lassen zum Leitmotiv in diesem Lebensabschnitt gemacht wird. Man kann seine bisherigen Aufgaben los-lassen, kann die Art und Weise der anderen, einschließlich ihrer Fehler, zu-lassen. Man kann seinen eigenen Standpunkt ver-lassen und sich von einer Sehweise zur anderen begeben oder alles von höherer Warte überblicken. Man kann manches, statt sich darüber aufzuregen, auf sich beruhen lassen, kann Ge-lassenheit üben. Und man kann sich an die Engel der Menschen wenden, die ja auch nicht immer bei dem, was ihre Menschen denken und tun, zugelassen werden. Man kann sie zulassen und beten: „Lasset uns den uns vom Schicksal nahegebrachten Menschen treu bleiben."

In einem solchen „lasset uns" lebt zugleich eine aktive Willenserweckung und ein Lassen, ein Hereinlassen von dem, der sagt: „Ohne mich könnt ihr nichts tun." In einem solchen „lasset uns" verschmelzen aktives Tun und passives Hereinlassen in eines. Wer in dieser Weise das „Lasset uns" übt, der erlebt, wie er sich trotz aller Verlassenheiten auf eines verlassen kann: daß jedes Schicksal einerseits weise-konsequent, andererseits liebevoll-begnadend geführt wird. Es gibt Zeiten, wo die Konsequenz des eigenen Verhaltens im Vordergrund steht. Dann werden zu anderer Zeit einem unverdiente Begnadungen zuteil, wie Ermutigungen aus der Zukunft.

Daß Karma und Gnade walten, darauf darf sich der Mensch verlassen. Dann bekommt er noch einmal ein ganz neues Verhältnis zum Beten. Alles, was er im bisherigen Leben als Reife erfahren hat, strömt in sein Gebet ein und wird ihm zugleich ein Quell der Stärkung für den Weg, der noch vor ihm liegt. Aber nicht nur vor ihm, sondern vor allen Menschen. Er ist ja nun auf dem letzten Wegabschnitt dorthin, wo er einmal hergekommen ist.

Konnte er denn werden wie ein Kind, um in die Reiche der Himmel zu gelangen? Das Gebet, das Christus selbst den Menschen gegeben hat, beginnt mit der Anrede: „Vater unser". Nur von seinen Kindern wird jemand Vater genannt, von seinen leiblichen oder geistigen Kindern. Wer das Vaterunser betet, kann es also nur als Kind des göttlichen Vaters tun. Und das „unser" darin ist nur möglich im Bewußtsein, daß auch die anderen Menschen auf dem Weg sind, nach dem Verlust der ersten Kindheit wieder zu werden wie ein Kind. Das Vaterunser kann nach dem 63. Lebensjahr im besonderen Sinne gebetet werden, so daß die gewesenen Lebensstufen darin aufklingen, ihre Substanz hineingeben und zugleich das „Werden wie die Kinder" in die Reiche der Himmel führt, in die Welt des Vaters.

Diese Welt ist nicht jenseits der uns bekannten Sinnenwelt, sondern inmitten dieser Welt. Aber sie ist ohne Zeit- und Raumerleben. Was im Lebenskampf zeitlich nacheinander durchlebt wird, das tritt in diesem Gebet zeitlos in die Seele ein und führt sie in die raumlose Welt des Vaters. Nachdem der Vater im Bewußtsein der Menschheit, deren aller Vater er ist, angesprochen wurde, wird um die Heilung des Namens gebetet.

Dies ist ein durchs ganze Leben gültiges Motiv, das aber im ersten Jahrsiebt eine besondere Bedeutung hat. Der Mensch bekommt kurz nach der Geburt seinen Namen für dieses ganze Leben. In der Taufe wird sein Menschenname geheiligt. Dieser Name steht für sein Ichwesen. Wo er selber Ich sagt, nennen die anderen Menschen seinen Namen. Im ersten Jahrsiebt gehört es zu den Aufgaben aller beteiligten Erzieher, sich darin zu üben, nicht nur das kleine Kind in dem Namensträger zu sehen, sondern den Menschen, der sich zu inkarnieren beginnt, gerade die erste Stufe durchlebend. Der Name steht für das Wesen, das es zu heiligen gilt, das wesensgemäß gesehen und angesprochen werden will. Im ersten Jahrsiebt beginnt, was durchs ganze Leben weitergepflegt werden sollte, daß die Menschen den Namen des Kindes heiligen, der für das Ichwesen steht, das eingebettet ist in das göttliche Ichwesen.

Heiligen heißt durchchristen, mit dem Ursprung wieder verbinden. So wie es die Erwachsenen dem Kinde gegenüber üben, so lernt auch das Kind in diesem ersten Jahrsiebt die Namen der Menschen und Dinge, durch die Göttliches zu ihm spricht, so wie es im Abendspruch für die Kinder von Rudolf Steiner heißt:

> „Wenn ich Gott erblicke, überall,
> in Vater und Mutter,
> in allen lieben Menschen,
> in Tier und Blume,
> in Baum und Stein…"

Diese Gesinnung ist die Einübung in das *„Dein Name werde geheiligt"*.

Im zweiten Jahrsiebt wird die zweite Bitte zur ersten hinzu besonders bedeutsam: *„Dein Reich komme."* Es ist das Reich über alle Natur- und Volksreiche hinaus. Es ist das Reich, in dem die Herzenssprache die gemeinsame Sprache ist. Eltern, Lehrer, Erzieher sollten in dieser Sprache das Kind in die Welt einführen. Es ist ja bekannt, daß Rudolf Steiner bei jedem Besuch in der Waldorfschule die Kinder gefragt hat: „Habt ihr eure Lehrer lieb", und ein brausendes Ja ihm entgegentönte. Und den Lehrern hat er die Aufgabe der dreifachen Liebe gestellt: die Liebe zu den Kindern, die Liebe zum Stoff des jeweiligen Unterrichts und die Liebe zur Methode, in der man den Stoff den Kindern nahebringt.

Auch Strafen und Mühen und Hindernisse dürfen nur aus Liebe zum Kind herbeigeführt werden. Natürlich gilt immer, daß wir um sein Reich der Liebe bitten, aber in diesem ersten Schulalter ist es grundlegend für das ganze Leben, ob das Kind die Sprache und Welt der Liebe so kennenlernen darf, daß es sie an sich selbst erfährt und dadurch nachzusprechen beginnt, bis sie im dritten Jahrsiebt in seine eigene Sprache eingegangen ist. Auch wenn sie in der Alltagssprache dann untertaucht, begraben wird, kann sie daraus erweckt werden und als „Dein Reich" zwischen Menschen auferstehen in den Augenblicken wirklicher Liebe.

Im dritten Jahrsiebt macht der Jugendliche bewußt die Erfahrung, daß die Menschen, einschließlich ihm selbst, nicht das tun, was sie sagen. Mancher sogenannte gute Wille kommt nicht zur Ausführung. Er erlebt, was Paulus aussprach: „Was ich will, das tue ich nicht und was ich nicht will, das tue ich." Er sieht die Ideale und erlebt sich und andere Menschen zugleich weit davon entfernt. Die dritte Bitte als Gebet um Hilfe wird ganz konkret als notwendig erlebt: *„Dein Wille geschehe, wie in den Himmeln, so auf Erden."*

Nun kommen die drei Jahrsiebte, die wir in ihrer inneren Verwandtschaft zu der Speisung der 5000 angeschaut haben. Die Zeit, die mit dem Aufstieg auf den Berg beginnt, in die Tiefe der irdischen Ohnmacht und der Stoffverhaftung führt und dann die Gabe verleiht, andere zu speisen. Das alles wird besonders herbeigerufen und gestärkt durch die vierte Bitte des Vaterunsers: *„Unser alltägliches Brot gib uns heute."* Es geht da um alles, was uns zu Erdenmenschen macht.

In dem Bericht der Bibel, wo Adam und Eva aus dem Paradies vertrieben werden, um auf der Erde zu leben, sagt Gott zu dem Mann: „Im Schweiß Deines Angesichts sollst du den Acker bestellen, der Dornen und Disteln trägt." Und zu Eva sagt er: „Mit Schmerzen sollst du Kinder gebären." Beruf und Familie, im Kleinen wie im Großen, erfüllen diese drei Jahrsiebte, für die wir täglich neu das Brot, die Speisung, die Stärkung erbitten.

In dem Jahrsiebt, das wir unter dem Motto „Krieg und Frieden" angeschaut haben, erleben wir Menschen besonders stark unser Schuldigwerden mit all seinen Folgen. Nur, wenn wir selber die Fähigkeit des Vergebens üben, wird uns die Möglichkeit zuteil, aus dem Unrecht, der Schuld, den Versäumnissen und eigenen Schwächen etwas hervorgehen zu lassen, das uns selbst und andere weiterführt. Denn ver-geben heißt nicht wegnehmen, sondern einen Platz, einen Raum, eine Gelegenheit geben, durch die das Geschehene einen neuen Sinn bekommt, zu einer Lebenserfahrung oder sogar Lebenswende wird. Das ist eine Gnade, die wir nicht verdient haben, die wir aber auch wahrnehmen und ins Leben umsetzen müssen.

So hat die fünfte Bitte ihren eigenen Bezug zum Jahrsiebt zwischen 42 und 49 Jahren: *„Vergib uns unsere Schulden, wie wir vergeben unseren Schuldigern."* Genauso hat die sechste Bitte ihren besonderen Bezug zu dem Alter zwischen 49 und 56 Jahren. Denn die Versuchungen des „zweiten Frühlings", d. h. die Jugend äußerlich festhalten zu wollen, und die andere Versuchung, innerlich zu erstarren, im Alten, Gewordenen steckenzubleiben, statt jünger zu werden, diese Versuchungen hindern den Menschen daran, sich mit dem Christusschicksal als zum eigenen gehörig zu verbinden. *„Führe uns nicht in Versuchung"* könnte auch heißen: Sei der Führer in uns, dann kann diese Stelle nicht von Verführern, Versuchern eingenommen werden.

Zwischen 56 und 63 Jahren geht es um die Vollendung der Schicksalseinweihung, um das Sterben-Können vor dem leiblichen Tod und um die Auferweckung durch Christus. *„Hüte dich vor dem Bösen"*, das war eines der Richtworte in den alten Mysterien. Christian Morgenstern hat es umgeprägt in: „Liebt das Böse gut, lehren tiefe Seelen, lernt am Hasse stählen Liebesmut." Die Erlösung von dem Bösen ist durch Christus verbunden mit der Erlösung des Bösen. Wer erleben und verstehen kann, daß seine Feinde genauso zu ihm und seinem Schicksal gehören wie seine Freunde, wer sehen kann, daß er diese Feinde im Leben gebraucht hat, daß sie ihm von außen zeigen, wie er im Innern Menschenfeinde nährt durch Kritik, Ablehnung, Entzug von Liebe und Hilfe, wer seine Beziehung zu seinen Feinden entdeckt, der lernt, seine Feinde zu lieben. Solche Liebe ist nur möglich durch den, der am Kreuz sagen konnte: „Vergib ihnen, denn sie wissen nicht, was sie tun." Darum bitten wir mit den Worten: *„Erlöse uns vor dem Bösen"*, daß wir die Feinde des Menschen in uns nicht nähren, daß wir die Feinde außer uns annehmen und das Böse uns dazu herausfordert, den Vater um den zu bitten, der das Böse selbst zu erlösen vermag.

So führt das Beten des Vaterunsers im zehnten Jahrsiebt immer wieder durch alle Stationen unserer Biographie. Zugleich hilft es uns auf dem Weg, zu werden wie die

Kinder. Denn wie Christus im Kinde wirkt, um ihm die Werkzeuge seines Menschseins auf Erden – Aufrichten, Denken und Sprechen – zu schaffen, so wirkt er im Menschen im Alter, um ihm die Werkzeuge des Menschseins im Geiste zu schaffen: Loslassen, Vertrauen, Erwachen.

Die geschenkte Lebenszeit

Wenn der Mensch über 70 Jahre alt wird, tritt er in das Alter der geschenkten Lebenszeit ein. Aber es ist nicht immer leicht, diese Zeit als ein Geschenk entgegenzunehmen. Es wird ihm nämlich die Möglichkeit geschenkt, jetzt schon an den Folgen seines gelebten Lebens zu arbeiten. Das können helle Kräfte sein, zum Beispiel die Kraft des Segnens.

Rudolf Steiner erwähnt oft, daß Menschen, die in der Kindheit beten gelernt haben, im Alter segnen können. Sie brauchen es gar nicht durch äußerliche Gebärden zu tun, sondern allein ihre Gegenwart wirkt einfach schon segensreich auf andere.

Es kann auch sein, daß sie aus ihrem Schatz von Lebenserfahrungen an solche weitergeben, die danach fragen. Oder daß sie die Kunst des Liebens gelernt haben: zu geben – ohne etwas dafür zu erwarten. Daß andere sich in ihrer Gegenwart warm und verstanden fühlen. Selbst dann, wenn solch ein alter Mensch äußerlich ganz und gar auf die Hilfe der Umwelt angewiesen ist, geht noch so viel Güte und Helligkeit von ihm aus, daß die Menschen ihn gerne pflegen. Auch wenn der Geist sich schon vom Leibe zu entfernen beginnt, können manche Menschen noch ein Quell von Liebe und Licht für andere sein.

Die „alte Tante" in einer Familie, so wurde sie liebevoll genannt, denn für die Kinder war sie schon immer alt, sie sprach in den letzten Jahren ihres Lebens fast nichts mehr. Sie half aber noch im großen Haushalt so viel sie konnte und sprach dazu immer leise vor sich hin: „Ja, ja; ja, ja." Sie blies dazu ihre alten Wangen immer etwas auf und wehte dann leise dieses Jawort in die Atmosphäre ihrer Umgebung. Sie hatte ein schweres Leben gehabt, war aus Rußland geflohen und diente demütig der Familie, für die sie der Inbegriff des Jasagens wurde. Sie starb friedvoll mit 89 Jahren. So gibt es Menschen, die in dieser geschenkten Lebenszeit zum Geschenk für andere werden.

Bei anderen hat man den Eindruck, daß ihnen diese Zeit geschenkt wird, um schon hier im Erdenleben zu beginnen, die Folgen von früheren Taten aufzuarbeiten, damit ihnen die Zeit des Kamaloka, wie man dieses Aufarbeiten nach dem Tode nennt, verkürzt werde.

Ein alter Waldorflehrer hat das deutlich so erlebt. Er war ein Mensch des Wortes, lehrte nicht nur Kinder und Jugendliche in der Schule, sondern zeigte Reisegruppen die Schönheiten und die Wesenheiten in Natur und Landschaft vieler Länder. Er kannte das alles genau und konnte es vermitteln. Dann bekam er einen Schlaganfall und wäre ohne die Möglichkeiten der heutigen Medizin und ihrer Techniken gestorben. So aber lebte er noch sieben Jahre, aber ohne Sprache und ans Bett gebunden.

Er war geistig völlig klar, verstand alles, bewegte viel in seiner Seele und konnte außer dem Wort „Mama" kein einziges Wort über die Lippen bringen. Wer viel mit ihm umging, lernte durch das Stellen der richtigen Fragen, die er mit Kopfnicken oder -schütteln beantwortete, sich mit ihm zu verständigen. So erfuhr der Priester von ihm, daß er diese Zeit als Vorwegnahme seines Kamalokas erlebte. Er drehte die Augen nach oben und gab einige Schimpflaute von sich. Als der Priester ihn dann fragte, ob er das meinte, strahlte er bejahend auf und fühlte sich verstanden. Wenn er auch im schmerzvollen Alltag diese Bejahung nicht immer aufbrachte, in der Tiefe konnte er so seinen Zustand als Aufarbeitung und Vorwegnahme seines Schicksals verstehen. Denn nicht nur die Folgen dessen, was diesmal gelebt wurde, können auftreten, sondern auch Folgen aus früheren Leben.

Eine alte Frau, die eine Wohltat für ihre Umgebung war, weil sie so viel Wärme und Helligkeit ausstrahlte, kam eines Tages wegen unerträglicher Beinschmerzen ins Krankenhaus. Sie war völlig klar und bewußt und beschrieb den Ärzten die Art ihrer Schmerzen; diese konnten aber nichts herausfinden. Da träumte sie eines Nachts, daß sie in einem mittelalterlichen Gewölbe als Folterknecht einem anderen Menschen die Beine mit einer Schraube zusammenquetschte und der Mann vor Schmerzen schrie. Als sie erwachte, wußte sie die wahre Ursache ihrer Schmerzen. Sie mußte etwas durchmachen, was sie damals einem anderen zugefügt hatte. Sie wurde aus dem Krankenhaus entlassen, ertrug die Schmerzen noch eine Weile klaglos aus dieser Einsicht heraus, bis sie nachließen. Einige Zeit danach starb sie.

Auch wenn der Geist sich nicht mehr durch den Leib äußern kann, erlebt er noch stark, was an Schicksal durch andere Menschen mit ihm geschieht. Niemals sollte man der Illusion verfallen, daß der scheinbar geistig Abwesende doch nicht mehr mitkommt, und daß man in seiner

Gegenwart spricht und handelt, als sei er nicht mehr da. Es gibt heute viele Zeugnisse dafür, wie sehr ein Mensch da ist, auch wenn er sich nicht mehr äußern kann.

So wurde ein Priester zu einem alten Arzt gerufen, um ihm das Sakrament der letzten Ölung, das Sterbesakrament zu geben. Er litt an Gehirnschwund und mußte seit einem Jahr wie ein Säugling gepflegt werden. Er war völlig abwesend und konnte auch nicht sprechen. Der Priester hatte ihn vorher nicht gekannt. Beim ersten Wort des Rituals richtete sich der Kranke auf, war plötzlich völlig in seinem Blick anwesend und nahm alles intensiv auf. Es entstand eine tiefe Wesensbegegnung zwischen ihm und dem Priester. Nach dem letzten Wort sagte er laut und vernehmlich: „Ich danke Ihnen", und sank wieder geistesabwesend in seine Kissen zurück. Zwei Wochen später starb er. Seine Frau, die sich nie mit Religion beschäftigt hatte, nahm dieses Erlebnis wie ein Vermächtnis in ihr Witwenleben mit.

Unendlich verschieden kann also der Geschenkcharakter dieser Lebenszeit sein. Selbst da, wo Menschen der Umwelt meinen, der Greis oder die Greisin würden nun böse und aggressiv, muß man mit dem moralischen Urteil zurückhalten. Er führt schon hier einen harten Kampf mit seinem Doppelgänger, mit dem Wesen, das ihn an die Erde fesseln will, das sich mit seinen aufgespeicherten Egoismen verbindet und ihn nicht loslassen will. Das ist gar nicht nur ein persönlicher Kampf, sondern ein Kampf im Namen der Menschheit. Denn alle Menschen haben es mit dieser Macht zu tun, und in diesem Fall wird es für sie eine anschauliche Belehrung.

Im Märchen „Frau Holle" wird geschildert, wie die beiden Töchter unter dem Tor zurück in die Welt, aus der sie kamen, jede auf ihre Weise beschenkt wird, je nachdem, wie sie die Arbeiten, die ihr aufgetragen wurden, geleistet hat. So wird die eine mit Gold und die andere mit Pech überschüttet. Das Geschenk in der Zeit unter dem Tor ist immer beides, Gold und Pech. Denn wir Menschen haben sowohl die Goldmarie wie die Pechmarie in uns. Das Wunderbare ist, daß sie beide Maria heißen, daß das Marienwesen in uns, die Seele, die den Menschensohn gebiert, sowohl mit Gold wie mit Pech für ihre eigene Wirklichkeit aufgeweckt wird, denn beide Male kräht der Hahn und spricht diese doppelte Wirklichkeit aus. Das ist das Geschenk, durch das der Mensch in dieser geschenkten Zeit im Leibe oder außer dem Leibe für seine Wirklichkeit erwachen kann. Je nachdem, wie er und die anderen Menschen damit umzugehen vermögen, wird er in dieser Zeit auch selber ein Geschenk für andere. Wenn er stirbt, geht er in die Welt ein, aus der sein ganzes Leben gespeist wurde.

Eine alte Frau ging schon vor ihrem Tode einige Male bewußt über die Schwelle und wieder zurück. Strahlend berichtet sie: Ihr könnt euch gar nicht vorstellen, was auf der anderen Seite Licht ist und was auf der anderen Seite Liebe ist. Was wir hier als Licht und Liebe kennen, ist nur ein Hauch davon. Es ist dort unbeschreiblich stark und schön.

Wir dürfen am Ende des Lebens auf die Mitteilung Rudolf Steiners vertrauen, daß der Tod das größte und leuchtendste Ereignis für das ganze nachtodliche Leben ist, an dem sich der Mensch immer wieder orientiert. Denn dieses Licht und diese Liebe ist der Christus selber, der in die geschenkte Zeit hereinstrahlt, auch dann, wenn sie auf Erden als Strafe und als schwere Zeit erlebt wird. Denn das dient dazu, für Licht und Liebe empfänglich zu werden. Die Seelenaugen werden an den Realitäten und für die Realitäten der Seele gebildet. Dazu gehören Gold und Pech. Wer aber den Hahnenschrei hört, der erlebt in seinem eigenen Tod das Erwachen für die Wirklichkeit des Christus, die wir hier nennen: Licht – Liebe – Auferstehung.

Jedes Jahrsieht in der menschlichen Biographie hat ein bestimmtes Vorzeichen, so wie Musikstücke ihr Vorzeichen haben und das g in einem Stück mit einem Kreuz ein Grundton ist und in einem Stück, das in C-dur gesetzt ist, die Quint ist. Derselbe Ton hat unter verschiedenen Vorzeichen eine andere Qualität. Wir haben das Christuswirken in diesen Betrachtungen so angeschaut, wie es als Grundton in den verschiedenen Lebensabschnitten erscheint. Wenn das gleiche unter dem Vorzeichen eines anderen Jahrsiebts erlebt wird, dann bekommt es den Charakter einer Quint oder Terz, vielleicht auch einer Sekunde oder Septime, also für gewöhnliche Ohren ungewohnt, vielleicht schmerzlich zu hören.

Denn es können die Erlebnisse der Midlifekrise manchmal schon von 17–18jährigen durchgemacht werden, oder die Erlebnisse des dritten Jahrsiebts von 40jährigen. Es kann ja auch sein, daß die Mitte des Lebens bei einem Menschen viel früher ist, weil er gar nicht so lange leben wird. Es ist also mit diesen Schilderungen eine Grundorientierung gemeint, die in jeder Biographie ihre Metamorphosen erfährt.

Christus hat die Gesetze außer in Situationen, in denen sie dem Leben nicht entsprachen, immer geachtet. So wirkt er in den Gesetzmäßigkeiten der Biographie, aber er wirkt auch da, wo das Leben über die Gesetzmäßigkeiten hinausgeht. Wer auf das Wirken des Christus in der Biographie achten lernt, der erlebt ihn auch als einen ständigen Begleiter, nicht nur in bestimmten Situationen. Er erlebt ihn als den, mit dem er jederzeit sprechen kann als sein immer gegenwärtiges Du oder als das immer gegenwärtige ewige Ich eines anderen Menschen. Wer seine Aufmerksamkeit für das Biographische schult, der schult das Organ für die Wahrnehmung des Christuswirkens darin, wie es in einem der sogenannten verstreuten Worte Jesu heißt:

„Hebe den Stein auf, und du wirst mich finden.
Spalte das Holz, und ich bin da.
Wo einer ist mit sich allein,
da sage ich: Ich bin mit ihm.
Und wo zwei oder drei in meinem Namen
zusammen sind, bin ich in ihrer Mitte."

Sicherheit im Ungewissen

Erziehung und die Kunst, mit Fragen zu leben

Immer mehr Menschen betrachten heute die Geburt eines Kindes nicht nur als Naturvorgang. Für sie ist das leibliche Geschehen ein Teil der ganzen Wirklichkeit. Es gibt Entbindungsstationen, wo nach der Geburt, wenn Mutter und Kind versorgt sind, alle Beteiligten innehalten – der Arzt, die Hebamme, der Vater, die Mutter, die Pflegerin, und dem neuen Menschen einen Willkommensgruß zusprechen. Das geschieht in dem Bewußtsein, daß das Kind eine geistige Persönlichkeit ist, die aus einem leibfreien Zustand nun in die Leibgebundenheit übergegangen ist. Da wir uns selber an die ersten drei Jahre unseres Lebens kaum erinnern können, in denen wir diesen Übergang vollziehen mußten, fällt es uns schwer, uns in dieses neugeborene Kind hineinzuversetzen. Alle seine leiblichen Regungen müssen wir erst deuten lernen, sein Schreien, seine Verdauung, sein Zappeln der Glieder, den Rhythmus von Schlafen und Wachen. Diesen Äußerungen liegt ja zugrunde, daß ein geistiges Wesen sich in ein leibliches Wesen hineinverwandelt. Es braucht dazu unsere Hilfe, aber auch unsere Bewunderung, unser Staunen, unsere Dankbarkeit und Liebe, daß da ein Mensch den Entschluß gefaßt hat und zu verwirklichen beginnt, sich in unserer Welt zu inkarnieren.

In den stillen Zeiten, die zwischen dem Erwachsenen und dem Kind gepflegt werden, kann die Fragestimmung heranreifen, auf die sich eine menschengemäße Erziehung gründen muß. Der Sprachgeist hat den Ausdruck geprägt: Die Mutter stillt das Kind. Nicht nur der leibliche Durst muß gestillt werden, sondern die tiefe Sehnsucht, aufgenommen zu werden, verstanden zu werden, ernst genommen zu werden. Diese Sehnsucht kann auch vom Vater gestillt werden, von jedem Menschen, der mit dem Kind ein Schicksal eingehen will. Aber Stille muß eingetreten sein in der Seele dessen, der mit dem sprachlosen Kind Zwiesprache halten will. Nicht mit irgendeiner Babysprache will das Kind angesprochen werden, sondern es will die liebevoll fragende Seele der Mutter oder des Vaters erleben. Zwei Fragen sind die Tore für das ganze Schicksalsgebäude, in das der neugeborene Mensch eintritt: „Wo kommst du her?" „Wo willst du hin?" Daraus können sich lange Gespräche mit dem Kind entfalten. „Was bringst du uns aus der anderen Welt? Welches ist deine Botschaft? Warum bist du gerade zu uns gekommen? Wir kennen uns schon. Wir wollen zusammen deine Erdenaufgabe vorbereiten. Du bist sehr wichtig für uns. Wir wollen dir auch alles geben, was du brauchst. Wir wollen versuchen, dich zu verstehen, auch wenn du vielleicht einmal eine ganz andere Sprache sprechen wirst als wir. Wir wollen von dir lernen. Wir wollen den Auftrag, den du hast und den wir noch nicht kennen, achten."

Wer auf ähnliche Weise mit einem kleinen Kind spricht, kann erleben, wie es lauscht, wie es uns anschaut, wie sich sein Wesen auftut und wir uns ihm ahnend nähern dürfen. Es kann einem uralt erscheinen oder sehr weise oder auch sehr fremd. Forschend schaut das Kind, manchmal huscht ein Glücksstrahl über das Gesicht! Sie verstehen mich, wir haben uns wiedergefunden. Ein kühler Kopf wird sagen: Das ist doch alles hineininterpretiert. Wer sich auf dieses Geschehen einläßt, der erlebt die inneren Regungen des Kindes genauso real, wie er wortlos die inneren Regungen eines Menschen erlebt, mit dem er liebend zusammen ist. Er weiß, was in dem anderen vorgeht, und der andere weiß, was in ihm vorgeht, ohne daß es gesagt wird, ohne daß es einen äußeren Beweis dafür gibt. Ja, es bleibt sogar meistens unaussprechbar, unsagbar. Und wer es dennoch in Worte bringen will, der zerstört vielleicht etwas oder legt es zu früh fest.

So ist es auch mit den beiden Fragen: Woher kommst du? Wohin gehst du? Wir sollen mit ihnen leben, aber wir sollen sie nicht gleich beantworten wollen. Manche Menschen suchen die Antwort in der Astrologie. Sie glauben dann zu wissen, wie dieser Mensch ist und wie sein Leben etwa verlaufen wird. Die Gefahr besteht, daß sie alles am Horoskop messen und den Menschen selber zu wenig wahrnehmen. Als ein Lehrer eine Mutter darauf aufmerksam machen wollte, daß ihr Kind sich nur sehr schwer anderen anschließen kann und von daher in der Klasse sehr alleine steht, erwiderte diese, das könne nicht sein, denn das Horoskop sage gerade das Gegenteil. Das Horoskop beschreibt das Material, das sich ein Mensch mitbringt, aber er kann auf sehr verschiedene Weise mit diesem Material umgehen. Genau so ist es, wenn man sich einem Kind gegenüber auf die Vererbungs- und Milieueinflüsse festlegt oder auch auf Einflüsse früherer Inkarnationen. Solche Einstellungen sind wie Gefängnismauern, hinter die man die Seele sperrt. Die beiden Fragen aber sind Tore, durch die wir zu dem Kind eintreten können und das Kind zu uns. Aber sie müssen auch bewegt werden.

Das Johannes-Evangelium schildert (Joh. 8), wie Christus angegriffen wird, als er zu den Menschen sagt: „Ich – ich bin das Licht der Welt." „Wie kannst du dein eigener Zeuge sein?", so werfen sie ihm vor. Und er erwidert: „Ich weiß, woher ich komme und wohin ich gehe. Ihr wißt nicht, woher ich komme und wohin ich gehe. Ihr urteilt nach dem Äußeren. Ich urteile über niemanden. Wenn ich aber urteile, so ist mein Zeugnis wahr, denn ich bin nicht allein, sondern der stimmt mit mir überein, der mich gesandt hat." Und etwas später spricht er noch einmal von dem, der ihn gesandt hat.

Was Christus da ausspricht, das läßt sich auf unser Verhältnis zum Kind anwenden. Wir wissen nicht, woher das Ichwesen des Kindes kommt und wohin es geht, und wie schnell machen auch wir den Fehler, daß wir nach dem Äußeren urteilen. Ob ein Kind sich „anständig" benimmt, ob es gehorcht, sich einfügt, Schwierigkeiten macht, von wem es diese oder jene Eigenschaften geerbt hat, und wie sich diese bei den Eltern und Großeltern auch schon so oder so entwickelt haben. Wer das Kind im Licht des Christus, im Licht des Ich-bin sehen will, der urteilt nicht. Der wartet mit seinem Urteil so lange, bis er erkennen darf, daß auch dieser Mensch „von Gott ausgesandt ist", daß er mit einer Intention, mit einem Schicksalswillen in dieses Leben gekommen ist. Nur im Einklang mit dieser vorgeburtlichen Intention, mit dieser göttlichen Sendung, können wir in der Beurteilung einem Menschen wirklich gerecht werden. Wie selten wird uns das gegeben. Darum urteilen wir nach dem Äußeren, wenn wir nicht lernen, mit Fragen zu leben. Wenn auf dem Untergrund der Seele des Erziehers diese beiden Fragen leben: Wo kommst du her? Wo gehst du hin?, dann geht er auch mit den täglichen Erziehungsproblemen anders um, als wenn er nur „nach dem Äußeren urteilt". Der Horizont erweitert sich in die Vergangenheit und in die Zukunft. Die Schwierigkeiten oder auch Erfolge in der Gegenwart verlieren ihr

Übergewicht, beängstigen weniger, und Vertrauen kann wachsen. Das heißt nicht, daß man die Erziehungsschwierigkeiten verdrängen soll. Natürlich muß man sich darum kümmern, daß ein Kind nicht zu wenig schläft, daß es Hausaufgaben macht, daß es nicht lügt und stiehlt, daß es lernt, mit anderen zu leben und vieles mehr. Aber in der Beurteilung läßt man offen, warum wir diese oder jene Schwierigkeit mit dem Kind haben, weil wir nicht wissen, was es mitbringt und welche Aufgabe es für dieses Leben hat. Das Sakrament der Taufe ist eine Quelle für das Licht, in dem wir das Kind den beiden Fragen gemäß sehen und erziehen können.

Wer oft an Taufen teilnimmt, kann bemerken, daß, obwohl das Ritual im äußeren Wortlaut und Vollzug das gleiche ist, das Taufgeschehen jedesmal eine ganz eigene und einzigartige Prägung hat. In jeder Taufe entsteht eine eigene Atmosphäre, die man wahrnehmen kann, ohne sie zu deuten. Zu Beginn wenden wir uns an die Weltengeister, die an der Leibesbildung mitgewirkt haben, die das Schicksal des Kindes vorbereiten, die sein Erdenleben in große Weltzusammenhänge einbeziehen. Wir stellen ihnen unsere eigenen dreifaltigen Seelenkräfte zur Verfügung, unser Wollen, Fühlen und Denken und rufen aus den drei Erdenstoffen Wasser, Salz, Asche ihre Wirksamkeit hervor. So darf der noch mehr außerhalb als innerhalb seines Leibes lebende Täufling erfahren, wie er den Weltgeistern, den Dienern und Organen der göttlichen Dreifaltigkeit, die vor der Geburt seine Umgebung waren, hier auf der Erde begegnen kann. Unabhängig vom leiblichen Befinden des Kindes, das sich auch durch Schreien kundtun kann, fühlt sich sein Geist tief heimatlich im

Taufgeschehen, weil er erleben darf, daß es auch auf Erden Himmelskräfte gibt. Die Taufgemeinde, die von den jeweils anwesenden Christen gebildet wird, empfängt die Seele, um sie als eine Seelenmutter zu tragen. Und zwei Menschen aus der Gemeinde bestellen sich als ihre Wächter, um das bis ins persönliche Schicksal zu verwirklichen. So wird in diesem Erdenleben zum ersten Mal ein Schicksal veranlagt, das über die Familie und die nächsten Betroffenen hinüberreicht in den großen Zusammenhang der Gemeinschaft von Christen. Im Zentrum des Taufgeschehens wird der Mensch mit seinem Namen gerufen. Der Name wird von anderen Menschen ausgesprochen, wenn sie den meinen, der sich selber einmal nicht mit einem Namen nennen, sondern „ich" sagen wird. Der Name betrifft das Ichwesen des Menschen. Vater und Mutter haben ihn gewählt. Nun empfängt ihn der Täufling aus der Kraft der Christgemeinschaft, wie eine Antwort darauf, daß die Gemeinschaft ihn empfangen hat.

Mit diesem Namen verbunden ist die Berührung seines Leibes mit den geweihten, d. h. mit ihrem geistigen Ursprung wieder verbundenen Erdenstoffen. Und was in der Taufe der Kindesleib empfängt, das wird in seiner Seele eine geistige Kraft, eine göttliche Kraft. In das Denken zieht die Vaterkraft ein, die alles durchdringende, indem das Kind auf der Stirn mit Wasser berührt wird. In Wort und Wille zieht die Sohneskraft ein, die alles bewahrt, was sie dem Tod entreißen kann, indem das Kind auf dem Kinn mit Salz berührt wird. In das Herz zieht der Heilige Geist ein, der die Liebeskraft erneuert und gesundet, indem das Kind auf der Brust mit Asche berührt wird.

Was der Priester anschaubar und hörbar vollzieht, das vollziehen die anwesenden Menschen mit ihm. Und wie am Anfang gesagt wird, daß diese Seele aus Geisteswelten herabgesandt wurde, so wird ihnen am Ende die Aufgabe zugesprochen, diese Seele zur Erfüllung ihrer Sendung zu leiten. Es gibt also das Taufgeschehen eine große, umfassende Auskunft über die Frage, woher der Mensch kommt und wohin er geht. Er ist herabgesandt, um aus dem Ziel auf Erden zu leben, das er sich als sein Schicksal, seine Lebensrichtung, seine Aufgabe gesetzt hat.

Das alles gilt für jeden Menschen, der getauft wird. Aber wie es für diesen einen Menschen gilt, der jetzt in der Taufe seinen Namen bekommt, das können wir ahnen, wenn wir unsere Aufmerksamkeit auf die Atmosphäre richten, die in jeder Taufhandlung sich ganz neu, ganz eigen bildet. Nicht darum geht es, ob das Kind schreit oder nicht, sondern wie sein Verhalten in das ganze Geschehen einbezogen ist. Durch das Schreien eines Kindes kann die Aufmerksamkeit der Teilnehmer herausgefordert und intensiviert werden. Das ist eine willenhafte Aufmerksamkeit. Wenn das Kind selber Aufmerksamkeit für seine Taufe zeigt, auf alles ernst oder freudig reagiert, entsteht bei den Teilnehmern eine liebevolle Wachheit und Helligkeit. Wenn das Kind schläft, breitet sich Ruhe, Frieden, Gelassenheit aus. Es kann dies auch in derselben Taufe sehr wechselnd sein. Es ist die Atmosphäre, die sich während der Taufe bildet, die jedesmal anders und eigen ist und uns etwas ahnen läßt von dem persönlichen Woher und Wohin dieses Menschen. Nur müssen wir uns hüten, das in Begriffen festlegen zu wollen oder auch nur es auszusprechen.

Wir können versuchen, das, was wir in der Taufe erlebt haben, in der Erziehung fortzusetzen. So brauchen wir Bescheidenheit und Demut, daß nicht alles, was für das Kind wichtig ist, durch uns geschehen kann, geschehen muß, sondern daß wir vieles den „Weltengeistern" übergeben, überlassen dürfen. Gerade da, wo wir versagt haben, wo wir uns falsch verhalten haben, wo wir keine Kraft hatten, dem Kind gerecht zu werden, können wir uns bittend an die Weltengeister wenden, daß sie aus unserer Schwäche dem Kind eine Kraft erwachsen lassen, oder für unseren Fehler einen sinngebenden Platz im Schicksal des Kindes einräumen. Nicht, daß man es sich mit seinen Fehlern und Schwächen in der Erziehung leicht machen soll, im Gegenteil. Nur wenn wir selber daran gelitten haben, uns nicht herausgeredet, uns vor uns selbst oder anderen mit irgendeiner Erklärung entschuldigt haben, sondern wenn wir, unser Unvermögen schmerzlich fühlend, es an die weitergeben, die das Woher und Wohin kennen, handeln wir im Sinne der Taufe.

Die Gemeinde hat eine Aufgabe gegenüber all den Seelen, die sie im Lauf der Jahre empfängt. Und diese Aufgabe besteht darin, innerhalb des gesamten Gemeindelebens, das ja ein vielfältiges ist, immer wieder Taufgemeinde zu erbilden. So wie es früher in den großen Kathedralen Taufkapellen gab, so muß es heute in der großen Gemeinde Taufgemeinde geben. Das sind nicht bestimmte Menschen, nicht Verwandte und Freunde der Täuflingsfamilie, sondern das sind Menschen, die Verantwortung für das Erbilden einer unsichtbaren Taufkapelle, für die Taufatmosphäre in einer Gemeinde fühlen. Wo das geschieht, trägt die Gemeinde die zu ihr herabgesandten Seelen, schafft ihnen eine geistige Heimat, die sie dann äußerlich wieder betreten, wenn sie mit Schulbeginn die Sonntagshandlung erleben.

Die Wächter können ihr in der Taufe begründetes Amt fortsetzen, indem sie auch weiterhin Aufmerksamkeit pflegen und sich verantwortlich fühlen für die Atmosphäre, die um ein Kind entsteht. Auch im Leben bildet sich diese seelische Atemluft wie in der Taufe aus dem Verhältnis, das das Kind zu seinen Mitmenschen und diese zu ihm haben, aus dem Verhältnis, das es zu sich selber hat, zu sich als Namens- und Schicksalsträger, und aus dem Verhältnis, das es zu den Erdendingen hat.

Das ist das Wesen einer christlichen Gemeinde, daß in ihr das Verhältnis der Menschen untereinander gestärkt und geordnet wird, daß in ihr der Mensch zu sich selbst findet und daß er in ihr ein neues Verhältnis zur Erdenwelt pflegt, indem er sie in alles, was geistig geschieht, einbezieht. Die Wächter und durch sie angeregt alle, die mit dem Kind zu tun haben, versuchen – so ist das Ideal dieses Amtes – die drei Bereiche im Leben des Kindes wahrzunehmen und sich aus dieser Wahrnehmung einen Sinn zu erbilden für das, was dieses Menschenkind mitbringt und wohin es von seiner Sendung gerufen wird.

Wir können also beobachten, wie die einzelnen Kinder ein ganz verschiedenes Verhältnis zu anderen Menschen haben. Es gibt Kinder, die auf jeden Menschen, ganz gleich, wer er ist, strahlend zugehen und ihn gleich in ihre Kinderwelt hereinholen wollen. Und es gibt Kinder, oft in derselben Familie, die bleiben allen Menschen gegenüber sehr zurückhaltend. Andere unterscheiden, ziehen sich bei bestimmten Menschen zurück und sind manchen Menschen gegenüber sofort sehr zutraulich. Auch das Schicksal bildet mit an diesem Verhältnis zu anderen Menschen. Ein Kind, das viele Bezugspersonen hat, in einer Kommune, in einem Heim aufgewachsen ist, verhält sich anders als ein solches, das unter vielen Geschwistern mit einem Elternpaar oder das als Einzelkind aufwächst. Und wie verschieden ist das Verhältnis der Geschwister untereinander oder zum Vater, zur Mutter, zu dem einen oder anderen Großelternteil und zu den Paten, den Wächtern. Es geht nicht darum, diese Verhältnisse zu beurteilen, sondern sie in ihrer lebendigen Vielfalt als Andeutung für das Woher und Wohin dieser Menschenseele zu bemerken.

Dem Verhältnis, das dieser noch verborgene Mensch zu sich selber hat, nähern wir uns, wenn wir darauf achten, in welcher Weise er die drei Grundkräfte von Aufrichten, Denken und Sprechen entwickelt. Manche Kinder krabbeln lange auf allen vieren oder rutschen mit enormer Geschwindigkeit durch die Wohnung, bis sie sehr spät zu laufen beginnen. Andere richten sich früher auf und laufen dann bald. Manche Kinder sprechen nur wenige Worte und lassen sich viel Zeit, bis sie sehr spät, aber dann in vollendeten Sätzen sprechen. Andere entwickeln eine ganz eigene Sprache. Ein Einjähriger erzählte viel in einer Sprache, die nur sein zweieinhalbjähriger Bruder verstand. Der mußte dann übersetzen, wenn die Mutter überhaupt nicht verstehen konnte, was der Kleine von ihr wollte. Solche Kinder brauchen lang, bis sie die Sprache der Umwelt sprechen. Wie ein Kind denkt, ist ein großes Geheimnis. Aber man kann doch bemerken, daß es Kinder gibt, in denen viel denkt, und andere, die leben ganz in ihrem unbedachten Tun. Auch das Verhältnis zu den Erdendingen gibt Hinweise auf die Art, wie ein Mensch sich in dieses Leben stellt.

Bei einem Familienfest wurden Filme aus der Kindheit der inzwischen erwachsenen Kinder gezeigt. Das eine Kind saß im Sandkasten und schaute interessiert zu, was die Mutter aus dem Sand baute. Dann wurde derselbe Sandkasten gezeigt, aber zwei Jahre später. Und diesmal war die jüngere Schwester, die jetzt im selben Alter war, zugange. Sie rannte hin und her, begoß den Sand und arbeitete ohne Hilfe der Mutter energisch und phantasievoll darin.

Beide Verhaltensweisen zeigen etwas sehr Typisches für das Woher und Wohin dieser beiden Menschen. Und doch muß man sich hüten, nach dem Äußeren zu urteilen. Dann würde man womöglich vermuten, daß das erste Kind einen besinnlichen Beruf erlernen wird und das zweite einen schöpferischen, wo es auch bauen und formen und nach außen schaffen kann. Aber das erste Kind wurde Architekt und das zweite Arzt, und beide entfalten darin das, was schon als Kind ihrem Wesen gemäß war. Es geht also nicht darum, aus dem Verhalten der Kinder Schlüsse für die Zukunft zu ziehen, sondern ganz aufmerksam das Werden eines Menschen zu begleiten, um im rechten Moment offen zu sein für die Hilfen, die er braucht.

Es ist so ähnlich, wie es der Freund eines Malers erlebte. Er war zugegen, als unter dessen Händen ein Altarbild entstand. Die meiste Zeit schaute er schweigend zu. Aber einmal meinte er, dem Maler einen Hinweis geben zu können, wie er an dem Bild weiterarbeiten könne. Da sagte der Maler: „Es kann sein, daß du recht hast, aber es ist noch nicht soweit. Das Bild muß erst noch andere Stadien durchmachen, bis wir wissen können, wie es werden will." Mit dieser Geduld, mit dieser Bereitschaft, mit dem Kind durch alle Stadien zu gehen, bis das wahre Bild sich zeigt, verhalten wir uns den Fragen gemäß: „Woher kommst du? Wohin gehst du?" „In jedem lebt ein Bild des, das er werden soll, solange er dies nicht hat, ist nicht sein Friede voll", so sagt es Friedrich Rückert. Wer im Sinne der Taufe das Kind erziehen will, muß als Freund des Malers die Entstehung des Bildes begleiten, ohne sich voreilig einzumischen.

Für das zweite Jahrsiebt gibt es eine weitere Lichtquelle. Das ist die Sonntagshandlung für die Kinder. Dort wird das Kind jedesmal in seine Sendung hineingestellt, die es aus seinem vorgeburtlichen Dasein in dieses Leben gebracht hat. Bevor es den vorbereiteten Altarraum betritt, wird ihm an der Schwelle die Hand gegeben und ihm gesagt, daß seine Seele durch die Sonntagshandlung erhoben werden soll zu dem Geiste der Welt, aus dem es herabgesandt wurde. Wenn man sich fragt, was eine Menschenseele wohl in das Erdenleben hineinrufen mag, dann geben uns die Worte der Sonntagshandlung Auskunft darüber. Dort wird vom Gottesgeist gesprochen, der in allen Naturreichen, im Denken und Tun des Menschen sowie im Wandel von Leben und Tod lebt.

Das zentrale Ereignis der Menschheitsgeschichte taucht vor dem inneren Blick der Seele auf, die zur Erde strebt, das Sterben Christi und sein Lebendigwerden im Menschen, der sich ihm öffnet. Christus selber ist es, der die Menschen zur Arbeit an der Erde und ihrer Menschheit ruft. Und so wird dann den Kindern gesagt, daß wir durch Lernen Schüler werden des Lehrers der Menschenliebe, des Christus. Denn Liebe ist der tiefste Sinn des Erdendaseins. Aus dem gemeinsamen Gebet heraus stellt sich jedes Kind in den Entschluß, den es im Vorgeburtlichen gefaßt hat, hier auf der Erde den Gottesgeist zu suchen. Denn das ist der Sinn jeder Inkarnation, ganz gleich, auf welche

Weise er in den verschiedenen Schicksalen einmal verwirklicht wird oder nicht.

In der Sonntagshandlung wird jedes Kind mit seiner Sendung verbunden, die es „vom Vater erhalten hat", und die es mit dem Wort bekräftigt: „Ich will ihn suchen." Für diese Sendung empfängt die Kinderschar den göttlichen Segen. Und anschließend erfährt sie durch das Hören des Evangeliums etwas davon, wie der menschgewordene Gott seine Sendung erfüllt hat. So ist die ganze Sonntagshandlung ein Erheben des Kindes in die Sphäre, aus der sein Entschluß zum Erdenleben stammt. Die Mitfeiernden können durch die Sonntagshandlung das Vertrauen stärken zum Woher und Wohin dieser Seelen. Die Kinder selber, obwohl es ihnen ganz unbewußt bleibt, fühlen sich aufgehoben in die Sendung, die sie vom Vater empfangen haben und durch den schaffenden Sohn im Licht des Geistes verwirklichen mögen.

Derjenige, der diesen Sendungssatz von jedem Kind entgegennimmt, indem er ihm die Hand gibt und das Kind ihn anschaut, erlebt stellvertretend für alle, die dem Kind nahestehen, etwas von seinem individuellen Wesen, von seinem „Namen" und von seiner Sendung. Er erlebt es durch den Blick des Kindes, durch das Handreichen und durch die Stimme. Jeder Mensch kann die Erfahrung machen, wie die Begegnung der Blicke, der Hände und der Worte den Einlaß geben in das Mysterium des anderen Menschen. Darum sollte damit nicht experimentiert werden, wie es z. B. geschieht, wenn man ausprobiert, wie lange zwei Menschen den direkten Blick des anderen aushalten. Einem anderen in die Augen schauen ist ein Akt des Vertrauens, der Liebe, oder es wird Mißbrauch. Wenn ein Kind uns nicht mehr in die Augen schauen kann, hat das einen Grund. Entweder ist es in seinem Vertrauen von einem Erwachsenen tief enttäuscht worden, oder es hat sich selbst enttäuscht.

In einer dritten Klasse geschah es, daß während der Unterrichtsstunde eine Uhr gestohlen wurde, die der Lehrer auf das Pult gelegt hatte. Er merkte es erst hinterher. Da fiel ihm ein, daß eines der Kinder ihn beim Verabschieden nicht wie sonst angeschaut hatte, sondern am liebsten an ihm vorbeigeschlichen wäre. Er bemühte sich, kein ungeprüftes Vorurteil gegen das Kind in sich aufkommen zu lassen. Vor der nächsten Unterrichtsstunde fiel ihm das gleiche auf: Das Kind konnte ihn nicht anschauen, blickte an ihm vorbei. Er sagte dann der Klasse, daß die Uhr weggekommen sei, aber daß es dem, der sie genommen hat, vielleicht schon leid tue und daß er, ohne daß es jemand bemerken würde, während der Pause die Uhr in die offene Mappe des Lehrers legen könne. Nach der Pause war die Uhr nicht zum Vorschein gekommen. Aber am nächsten Tag kam das besagte Kind und erzählte, daß es ein Uhrensammler sei (das war es wirklich), und daß es unter seinen Uhren genau das gleiche Modell gefunden habe, wie es die verschwundene Uhr des Lehrers war. Es wolle ihm nun diese Uhr als Ersatz geben. Der Lehrer durchschaute sofort den Tatbestand, sagte aber nichts, um das Kind nicht vor der ganzen Klasse bloßzustellen. Er nahm seine Uhr entgegen. Beim Verabschieden behielt er das Kind ein wenig zurück und sagte: „Wir beide, du und ich, wir wissen, wie es wirklich mit der Uhr war, und wir wünschen uns beide, daß dir so etwas nie mehr passiert." Das Kind strahlte auf und konnte dem Lehrer wieder frei in die Augen schauen. Aber auch starke, freudige Vorgänge, wo das Kind mit seinem Woher und Wohin übereinstimmt, können wir im Begegnen der Augen, Hände und Worte erfahren. Ein Kind spricht anders, wenn es eine Krankheit überstanden hat, wenn es einen neuen Entwicklungsschritt vollzogen hat, wenn es begonnen hat, ein Instrument zu lernen oder Verantwortung für ein Haustier zu übernehmen.

So sind die Begegnungsmomente in der Sonntagshandlung urbildhaft für die Begegnungsmomente mit dem geistigen Wesen des Kindes und mit seinem Woher und Wohin.

Zum Abschluß dieser Betrachtung wollen wir noch einmal das Christuswort vor uns hinstellen: „Ich weiß, woher ich komme und wohin ich gehe – ihr wißt nicht, woher ich komme und wohin ich gehe. Ihr urteilt nach dem Äußeren. Ich urteile über niemanden. Wenn ich aber urteile, so ist mein Zeugnis wahr, denn ich bin nicht allein, sondern der stimmt mit mir überein, der mich gesandt hat." Das mit Christus durchdrungene Wesen im Kinde und das mit Christus durchdrungene Wesen in uns darf in besonderen Stunden auch so sprechen. Doch werden uns diese Stunden nur dann zuteil, wenn wir sonst auf das festlegende Urteilen verzichten und die Erziehung des Kindes mit der Frage begleiten: Wo kommst du her? Wo gehst du hin? Die Aufmerksamkeit und die Kraft dazu können in jeder Sonntagshandlung und in jeder Taufe neu gewonnen werden.

Das Verborgene im Jugendalter

Eine ungeheure Verwandlung geht mit einem Menschen vor sich, wenn er sich aus der Kindheit ins Jugendalter hinüber entwickelt. Er muß sich mit Vorgängen auseinandersetzen, denen er von sich aus noch gar nicht gewachsen ist. Im Leiblichen wird er geschlechtsreif. Die Fortpflanzungskräfte verändern seine ganze Leibesorganisation und wirken bis in seine Seele hinein. Die Männlichkeit oder die Weiblichkeit bemächtigt sich des Menschen und bestimmt sein Leben mehr als zuvor. Zu gleicher Zeit verändert sich auch sein Verhältnis zum Tod. Er fühlt den Zusammenhang von Leben und Tod, versteht jetzt, daß jedes irdische Leben mit dem Tod endet, daß mit jeder Geburt ein neuer Tod in die Welt kommt.

Im Seelischen erlebt der Mensch an der Schwelle von der Kindheit zur Jugend eine ganz neue Kraft, zu lieben und zu hassen, sich zu begeistern oder sich zu empören, sich von anderen mitreißen zu lassen zu großen Unternehmungen oder sich in sich selbst zu verkriechen im Erleben großer Einsamkeit. Das Denken ist noch nicht eigenständig, sondern von allen Seiten beeinflußbar. Der Jugendliche erlebt die Gewalt der erwachenden eigenen Seele und hat noch nicht die Führungskräfte in sich selbst, um diese Gewalten zu lenken. Die Urkraft der Seele, die Liebe, erfüllt ihn, und er weiß noch nicht damit umzugehen.

Die dritte Gewalt, mit der er, anders als in der Kindheit, zu tun bekommt, ist das Schicksal. Natürlich ist auch alles, was vorher geschieht, Schicksal. Die Familie, die Schule, die Krankheiten, Reisen und Erlebnisse des Kindes sind sein Schicksal. Aber Rudolf Steiner macht darauf aufmerksam, daß mit zwölf Jahren das persönliche Schicksal des Menschen beginnt. Vorher ist er eingebettet in das Schicksal der Familie, der Klasse, der sonstigen Umgebung. Jetzt beginnt er, ganz eigene Beziehungen zu Menschen zu pflegen, die oft für Eltern und Lehrer ganz unverständlich sind und doch nicht verhindert werden können. Denn da ist etwas zwischen ihm und dem anderen, was durchlebt werden muß, weil es zu ihrem persönlichen Schicksal gehört.

Die Erwachsenen wissen meistens nicht, in wie vielen Jugendlichen eine Todessehnsucht lebt, auch wenn der Tod gleichzeitig etwas Furchterregendes hat, weil er so endgültig scheint und einem das, was man liebt, entreißen kann. Von Geburts- und Todeskräften fühlt sich der junge Mensch gleichermaßen durchzogen.

So bekommt der Mensch im Übergang von der Kindheit zur Jugend mit diesen drei neuen Gewalten zu tun: Im Bereich der Lebenskräfte mit Fortpflanzung und Todeserleben. Im Seelischen mit einer neuen Liebesfähigkeit, die ihn von allen Seiten ergreift und ihn in extreme Stimmungen stürzt von höchster Gemeinschaftsseligkeit in tiefstes Sich-allein-Fühlen. Im Geistigen erfährt er jetzt sein ganz persönliches Schicksal. Jeder Mensch muß sich sein ganzes Leben lang mit diesen drei Gewalten auseinandersetzen. Er vermag sie zu lenken und Herr über sie zu werden, wenn er das Wesen in sich bewegt und aktiviert, das in der Aufmerksamkeit, in der hingebungsvollen Tat, im Schöpferischen lebt. Das eigene Ichwesen vermag die Gewalten sinnvoll zu führen. Und gerade dieses Ichwesen ist noch verborgen im Jugendalter. Wir dürfen uns nicht täuschen lassen von einem lauten, eigensinnigen Auftreten der Jugendlichen oder von ihrer scheinbaren Selbstsicherheit und Bestimmtheit. Das Ichwesen des Jugendlichen ist natürlich vorhanden, aber gerade durch das, was so betont auftritt und sich zeigt, verbirgt es sich.

Die jungen Männer bauen aus ihrem seelischen Verhalten einen Wall gegen die Umwelt, damit keiner ihr wirkliches Wesen bemerken soll. Die jungen Mädchen durchtränken die Seele mit ihrer Ichhaftigkeit, fordern die Umwelt heraus, treten oft mächtig auf, aber ihr Ichwesen ist nicht frei, wird von der Seele aufgesogen und kann die Seelenkräfte noch nicht lenken. Das auffällige Gebaren der Jugendlichen, angefangen bei der Kleidung und Haartracht bis zu ihrem schockierenden sonstigen Verhalten, ist also entweder eine Barrikade oder eine Täuschung, hinter der sich das wahre, noch ungeborene, geistige Wesen des Menschen verbirgt. Daß das heute bis zur Brutalität und Prostitution entarten kann, ist ein böses Symptom unserer Zeit. Aber wer die Gesichter anschaut oder mit den Jugendlichen ins Gespräch kommt, die sich die Köpfe kahl scheren, sich mit Eisenketten oder Sicherheitsnadeln behängen, ihren Körper tätowieren, ihre Garderobe mit Parolen vollschreiben, der kann immer wieder überrascht sein, wie kostbar diese Menschen sind und wie sie Ausschau halten nach solchen, die sie so zu sehen und zu lieben vermögen, wie sie trotz jeder Aufmachung in Wirklichkeit sind. Was können wir also tun, um mit dem Verborgenen im Jugendalter wohltuend umzugehen?

Das Sakrament der Konfirmation ergreift die oben beschriebene Situation des Menschen im Übergang von der Kindheit zur Jugend. Wir wollen uns, was da geschieht, vergegenwärtigen. Wie in der Sonntagshandlung für die

Kinder wird der Raum noch einmal für sie vorbereitet. Das heißt, daß die Kerzen auf dem Altar schon brennen und der Priester schon davorsteht und die Atmosphäre betend bereitet hat. Die Kinder selber werden ein letztes Mal mit einem weckenden Wort über die Schwelle geleitet. Von da an müssen sie, wenn sie am Gottesdienst teilnehmen wollen, das alles mit der Seele selber vollziehen, den Schwellenübergang, die Vorbereitung und das Erzeugen eines eigenen Lichtraumes mitten im Tageslicht.

Wenn alle Kinder versammelt sind, spricht der Priester sie an. Er läßt sie zurückschauen, wie in ihrer Kindheit die Sorge anderer Menschen war, daß ihre dreifaltige Seele von Christus erfüllt werde, daß sie an ihm eine Ahnung vom Tod und seiner Überwindung bekamen und daß er ihr Licht, ihr Führer und Tröster in ihrem Schicksal sei. Es werden also in diesem Zurückschauen die vier Motive dieses Lebensalters ergriffen und durch die ganze Konfirmation in Variationen weitergeführt. Der Aufstieg von der Kindheit zur Jugend, die Durchchristung der drei erwachenden Seelenkräfte, das Motiv vom Tod und dem daraus erstehenden Leben und das Motiv des eigenen Schicksals. Nachdem diese vier Bereiche rückschauend bewußt gemacht wurden, werden sie in die Sphäre des Gebetes erhoben. Mit erhobenen Händen betet der Priester und mit ihm die ganze Gemeinde für diese Menschen so, daß das vierfache Geschehen von uns Menschen zu Christus dargebracht wird, von ihm, uns Menschen zugewandt, gegenwärtig entgegengenommen wird, um dann ihm als Zukunft der Kinder anvertraut zu werden bis zum Todesaugenblick.

Diese Fürbitte mündet ein in das Gebet, das Christus vor seinem eigenen Tod als Hohepriesterliches Gebet für die Menschheit gebetet hat (Joh. 17). Jetzt wird es zu Beginn des persönlichen Schicksals für die jungen Menschen gesprochen. Im Sterbesakrament der Ölung wird das persönliche Schicksal auf Erden mit diesem Gebet beschlossen. Es klingt also auch das Todesmotiv im Sakrament der Jugend immer wieder an.

Wie das Gebet für die Kinder an der Schwelle aufsteigt, strömt der Segen hernieder und teilt sich jedem einzelnen mit in seine Lebenskräfte, seine erwachende Seele und seine Ziele, die sein Schicksal gestalten. Nach einer Ansprache, auf die die Kinder mit einem Lied antworten, werden sie, wie es heißt, in das Leben entlassen. Sie bleiben aber ruhig auf ihren Plätzen sitzen. Das erste, was sie in dem Leben, in das sie entlassen werden, kennenlernen, ist die Menschenweihehandlung. Sie dürfen Teilhaber werden an der Menschwerdung des Menschen und an der immer wieder neuen Christwerdung des Menschen durch den Empfang von Brot und Wein als sein Leib und Blut. Kein Gelöbnis, kein Versprechen wird ihnen abverlangt. Eine Segnung wird ihnen gnadenhaft zuteil.

Wie sie ins Leben weiterwirkt, ist ein individuelles Schicksal, das wir nicht bestimmen, aber für das wir beten können. Denn so, wie die Taufe Urbild ist für die Erziehung des Kindes, so ist die Konfirmation Urbild für das Leben und Umgehen mit Jugendlichen. Wir müssen sie Schritt für Schritt aus unserer Fürsorge, unserer Führung aus Autorität entlassen. Wozu wir aber aufgerufen sind, sagt uns das Ritual der Konfirmation: für die Jugendlichen zu beten und ihnen das Leben so zugänglich zu machen, daß der Segen für die Lebenskräfte, für Seele und Schicksal weiterwirken kann. Wenn jeder, der sich über Jugendliche erregt, empört, verzweifelt, statt dessen für sie betete, ob es dann nicht anders aussähe in der Jugendszene?

Gebete sind Tore für die Engel und Bollwerke gegen Dämonen. Statt dessen erzeugen wir mit unseren immer gleichen Gedanken, unserem Mißtrauen und unseren Ängsten, unseren sich immer wiederholenden Reaktionen auf das, was die Jugendlichen sagen und tun, seelische Automatismen, in denen sich trübe Geistigkeit einnistet und die sich unserem eigenen Einfluß entziehen.

Die Konfirmation lehrt uns beten und auf die Segenskräfte vertrauen. Sie braucht, wie die Taufe, ihre Fortsetzung im Leben. Wie wird das konkret?

Das Verborgene im Jugendlichen ist sein Ichwesen. Das ist noch nicht geboren. Seine Mutterhülle ist Seele, nicht nur die eigene Seele, sondern die Seelenhaftigkeit in der Welt. Jeder Mensch hat teil an der Weltseele. Und das Verborgene in jedem Menschen hat teil am Welten-Ich, das wir Christus nennen. So, wie eine werdende Mutter in ihrem ganzen Dasein von dem Kind, das sie trägt, beeinflußt wird, so wird die jugendliche Seele beeinflußt von dem Verborgenen, das sie birgt. Und das Umgekehrte gilt auch. Wie das ungeborene Kind beeinflußt wird vom Verhalten und den Erlebnissen der Mutter, so wird das Ichwesen des Jugendlichen beeinflußt von dem Verhalten und den Erlebnissen seiner Seele.

In der Konfirmation wird die Menschenseele in die kosmische Ordnung der Weltenseele gnadenvoll hineingestellt. Diese kosmische Ordnung hat der Apokalyptiker Johannes auf Patmos geschaut in dem Bilde, das er so beschreibt: „Und es zeigte sich dem schauenden Blick ein erhaben-großes Bild im Geistgebiet: ein Weib, mit der

Sonne bekleidet, den Mond unter ihren Füßen, das Haupt mit der Krone der zwölf Sterne gekrönt. Und sie war schwanger und schrie in den Wehen und Schmerzen des Gebärens." (Apok. 12, 1–2) In der Sonne, mit der die Weltenseele bekleidet ist, dürfen wir das Bild für die Herzenskräfte, für die Liebe sehen, von der Christian Morgenstern sagt: „Meine Liebe ist groß, wie die weite Welt." Das ist eine Liebe, die nicht eine versteckte Eigenliebe ist, sondern wirklich hinausstrahlt, sich der Welt draußen zuwendet. Weltinteresse ist die Hülle, ist das Gewand, in das sich die Seele kleiden möge, die das ungeborene Wesen des Menschen in sich birgt.

Auf dem Monde steht die kosmische Frau. Die Mondenkräfte sind doppelter Natur. Sie beeinflussen die Fortpflanzungsprozesse. Die weibliche Periode richtet sich nach dem Mond. Das Embryo braucht 10 Mondmonate bis zur Geburt. Ein Arzt auf der Insel Sylt wurde oft nachts zu Entbindungen gerufen. Seine Hebamme konnte ihm mit Sicherheit sagen, ob es zur Geburt kommen würde oder nicht. Sie las das ab von den Gezeiten des Meeres, Ebbe und Flut, die vom Mond bestimmt werden. Andererseits hat der Mond eine Beziehung zu den Vorgängen des Gehirns. Das Gehirn reflektiert die Wahrheiten des Geistes, wie der Mond das Sonnenlicht reflektiert. Denn das Gehirn ist der Todespol im Menschen. Auf Grund der Sterbeprozesse im Gehirn entsteht im Menschen Bewußtsein. Das Gehirn ermöglicht dem Erdenmenschen zu denken. Das Vertrauen, das er zum Denken sich erringen kann, ist das, was ihn im Leben trägt, und es sind die Fortpflanzungskräfte, die er lernen muß, unter sich zu halten, damit sie ihn nicht überwältigen. So birgt der Mond in sich die Beziehungen zu Sexualität und zum Tod.

Die zwölf Sterne bilden eine Krone über dem Haupt. Die Geistesziele, die Ideale erlebt der Mensch über sich. Er schaut zu ihnen auf wie zu den Sternen. Er orientiert sein Denken und Tun daran und gestaltet aus diesem Aufblikken zu den Sternen, zu den Idealen der Menschheit, sein Schicksal. Was Johannes so schaute, bezieht sich nicht allein auf die Seele im Jugendalter, aber wir können uns diese Schau zum Leitbild werden lassen für das, was das Verborgene im Jugendalter braucht. Denn die Apokalypse zeigt uns ja auch, wie das Kind vom Drachen bedroht ist, der es gleich nach der Geburt verschlingen will. Nur wenn die drei neu auftretenden Kräfte im Jugendalter in ihrer kosmischen Ordnung erhalten bleiben, hat der Drache keine Macht über das Ichwesen, wenn es geboren ist. Aber wie schnell vermischen sich diese drei Bereiche. Sexualität wird mit Liebe verwechselt. Die Liebe zu einem Menschen wird als vorbestimmtes Schicksal erlebt, das allzu frühe Bindungen, Abhängigkeiten schafft. Ideale, geistige Ziele werden von den Mondenkräften beherrscht, entweder vom Intellekt geleugnet oder von der Triebhaftigkeit überwältigt. So rückt der Mond an die Stelle der Sterne, die Sterne an die Stelle der Sonne und die Sonne an die Stelle des Mondes. Das heißt, Intellekt und Sexualität schaffen Schicksal. Schicksalsbegegnungen bewirken unfreie Liebesbeziehungen und Liebe rutscht hinunter in die Sexualität. Wo das geschieht, ist die seelische Mutterhülle kein Schutz mehr gegen die Wirkungen des Drachen.

Es geschieht immer dann, wenn nicht auf das Verborgene im Jugendlichen geachtet wird, wenn man ihn nicht als ein geistiges Wesen, sondern als ein natürliches, von den Tieren stammendes Wesen nimmt. Aber gerade in den drei Bereichen, von denen das apokalyptische Bild spricht und in denen die Segenskräfte der Konfirmation empfangen werden, unterscheidet sich der Mensch grundsätzlich vom Tier. In seiner Leiblichkeit erlebt sich der Mensch nicht als „nackter Affe", sondern er verwendet große Mühe darauf, sich zu bekleiden. Ursprünglich ist die Bekleidung ein Bild für die unsichtbaren Hüllen, in denen der Mensch sich erlebte.

Heute können die Menschen dieses Bild anschauen, wenn – nach der Konfirmation und bevor die Menschenweihehandlung beginnt – vor ihren Augen der Mensch, der durch den Priester repräsentiert wird, in die drei Gewänder gekleidet wird, die Abbild sind für die unsichtbaren Hüllen. Zuunterst trägt er den schwarzen Talar, Bild für den festen irdischen Leib. Darüber trägt er das weiße Gewand, Abbild der gereinigten Lebenskräfte. Darüber erscheint das farbige Gewand, Abbild der Seelenhülle, die die Stimmungen des Jahres im Wechsel erlebt und darum zu Advent eine andere Farbigkeit hat als zu Ostern oder Michaeli oder den anderen Festeszeiten.

Der Mensch erlebt sein geistiges Wesen verhüllt. Und nur vor dem enthüllt es sich, dem er sein innerstes Wesen offenbaren will. „Du berührst einen Tempel, wenn du einen Menschenleib berührst", sagte Novalis. Der Tempel ist dem Gott geweiht, der darin verehrt wird. Der Menschenleib ist dem Menschengeist geweiht, und der darf den unverhüllten Leib des anderen erleben, der dadurch seinem Geist begegnen, ihn lieben und erkennen will. Der Leibestempel wird mißbraucht, und niemand kommt, der die Tische der Händler und Wechsler umstößt und sie aus dem Tempel verjagt, den sie zu einer Räuberhöhle gemacht haben. Die Begattung der Tiere gilt der Fortpflanzung der Art, wobei sie dabei ihrem Instinkt unterliegen.

Beim Menschen handelt es sich zusätzlich um ganz persönliches Schicksal, das das Verborgene im Menschen betrifft. Damit das menschliche Schicksal nicht der tierischen Natur unterliegen muß, ist der Seele ein besonderes Gefühl eigen: das Schamgefühl. Damit ist nicht Prüderie gemeint, auch nicht, daß man über die Probleme der Sexualität nicht offen sprechen soll. Man sollte jedem Lebensalter gemäß darüber sprechen, aber so, daß das Schamgefühl nicht verletzt wird. Das Schamgefühl ist eine Art Schwellenhüter. Es will verhindern, daß jemand den Tempel betritt, der nicht den Gott darin sucht. Und bevor der Gott selber, das Ichwesen, in den Tempel eingezogen ist, soll auch niemand ihn betreten. Darüber wacht das Schamgefühl. Daß der Drache, der auf die Erde gestürzt wurde, heute alles tut, um dieses Schamgefühl zu zerstören, braucht nicht dargestellt zu werden. Das erleben wir an jeder Straßenecke, an jedem Zeitungskiosk, in vielen psychologischen Beratungsstellen, im Verhalten vieler Menschen, die Jugendlichen Vorbild sind. Und vieles geschieht aus bester Absicht, zeitgemäß zu sein. Wenn das Schamgefühl zerstört wird, dann steht die Frau nicht mehr auf dem Mond, sondern es wächst der Mond der Frau, die das Kind gebären will, über den Kopf und das Kind, das Ichwesen, nimmt Schaden.

Wir können die Jugendlichen nicht bewahren vor diesen Einflüssen, die von überall auf sie zukommen. Aber wir können ihnen gegen die Übermacht des Mondes helfen, indem wir die Sonnen- und Sternensphäre stärken. Jugendliche brauchen Menschen, die ihnen das Leben und die Welt verständlich machen. Nicht Meinungen über etwas sollen dem Jugendlichen weitergegeben werden, sondern ihre eigene Aufmerksamkeit, ihr Interesse soll geweckt werden für das, was es in der Welt zu sehen, zu hören, zu erfahren gibt. Ein alter Waldorflehrer, Erich Schwebsch, hat es so ausgedrückt: „Die Waldorfschule ist keine Weltanschauungsschule, sondern eine Welt-Anschauungs-Schule." Wer lernt, die Welt anzuschauen, der kommt einmal zu dem Erlebnis, daß ihm die Dinge und Vorgänge etwas sagen, daß sie ihn ansprechen und daß sie darum für ihn liebenswert werden. Je mehr im Jugendlichen Interesse geweckt werden kann für Natur, Technik, Kunst, Geschichte, soziale Fragen, andere Völker, für Schicksale, Weltreligionen, Umwelt, Kinder, Kranke und vieles andere, um so mehr wird der Jugendliche befreit von der einseitigen Beschäftigung mit sich selbst, mit seinen Stimmungen, seiner Sexualität, seinen Schwächen und Stärken.

Es gibt Liebesbeziehungen, die die beiden Menschen in ihrem verborgenen Wesen schwächen, weil sie sich nur noch mit sich selbst beschäftigen. Und es gibt Liebesbeziehungen, die stärken das verborgene Eigene dadurch, daß einer den anderen in ein Stück Welt einführt, das ihm vorher noch verschlossen war. Mancher junge Mensch, der nur eine Art von Musik kannte, hat durch Freund oder Freundin die Vielfalt des Musikalischen entdeckt und lieben gelernt. So heißt das Schlüsselwort für die Sonnenkräfte der Seele: Weltinteresse, oder:

> „Meine Liebe ist groß
> wie die weite Welt,
> und nichts ist außer ihr,
> wie die Sonne alles
> erwärmt, erhellt,
> so tut sie der Welt von mir!"

Christian Morgenstern

Der dritte Bereich, der im Jugendalter besonderer Beachtung und Pflege bedarf, sind die Ideale, die geistigen Vorbilder, die Sterne, an denen sich der Mensch auf seiner Lebenswanderung immer wieder orientieren kann. Wichtig ist, daß er die Fülle des Menschseins, die Fülle der Ideen und Richtungen kennenlernt. Erst wenn er die Krone von 12 Sternen über sich erlebt, ist er nicht mehr in der Gefahr, eine einseitige Bindung einzugehen, weltanschaulich, gefühlsmäßig oder in der Lebensaufgabe, die er sich stellt. Die Gefahr im Verfolgen geistiger Ziele ist ja immer Fanatismus oder Dogmatismus. Die Krone der zwölf Sterne umfaßt die zwölf Weisen, wie ein geistiges Ziel verwirklicht werden kann, und alle zwölf müssen zusammen wirken, so wie das Christentum durch zwölf verschiedene Persönlichkeiten in die Welt getragen wurde.

Ein Tier hat kein Schamgefühl. Es hat auch kein Weltinteresse, sondern lebt nur in seinen Instinkten, die weise und unbeirrbar sind. Es hat kein Ziel, nach dem es sein Leben richtet. Rudolf Frieling machte das einmal einer Gruppe von 14jährigen deutlich, indem er schilderte, wie ein Pferd nicht eines Morgens den Entschluß fassen kann: Ich will ein Rennpferd werden. Aber ein Mensch kann den Entschluß fassen: Ich will Musiker, Arzt, Lehrer usw. werden und kann diesen Entschluß selber durchführen. Der Mensch ist nicht nur ein Naturwesen, sondern ein geistiges Wesen, das daran arbeiten kann, sich seine Natur dienstbar zu machen.

Im Jugendalter ist dem Menschen selbst und auch den Mitmenschen sein eigenes Wesen noch verborgen. Aber aus dem Verborgenen wirken die Kräfte dessen, der in aller geistiger Menschwerdung lebt. Diese Kräfte geben dem Jugendlichen die Ehrfurcht vor dem Tempel des Leibes oder das Schamgefühl, geben ihm für die Seele Weltinteresse und für den Geist Ideale und das Erlebnis, auf dieser Erde gebraucht zu werden.

Wie real diese Kräfte erlebt werden können, möge eine Begebenheit deutlich machen, die sich so zugetragen hat: Ein 14jähriger erklärte seinen Eltern, er wolle sich nicht konfirmieren lassen. Seine Gründe waren sehr einleuchtend. Nach mehreren Gesprächen mit den Eltern und dem Priester, der die Konfirmandenstunde hielt, meinte der Junge, daß die Erwachsenen wohl mehr Lebenserfahrung hätten als er, und er würde sich ihnen zuliebe konfirmieren lassen. Wenige Wochen nach der Konfirmation hatte er einen schweren Verkehrsunfall. Zwei Tage und Nächte schwebte er in Lebensgefahr. Als der Priester ihn besuchte, richtete er sich auf und sagte: „Jetzt weiß ich, warum ich konfirmiert worden bin." Dann erzählte er: „In der ersten Nacht nach dem Unfall kam ein großes Wesen zu mir mit schillernden Flügeln. Es schilderte mir, wie schön ich es haben würde, wenn ich mit ihm ginge. Sehr verlockende Dinge sagte es mir. Aber ich sagte: ‚Nein, ich will hier bleiben.' In der nächsten Nacht kam es wieder, und nun drohte es mir, es würde dafür sorgen, daß ich Schreckliches durchmachen müsse, Schmerzen, Verzweiflung, Alleinsein und vieles mehr, wenn ich nicht mit ihm ginge. Und wieder sagte ich, daß ich hier bleiben will. Daß ich das zwei Nächte lang durchhalten konnte, dem schillernden Wesen zu widerstehen, das war nur möglich durch die Kraft, die ich in der Konfirmation bekommen habe."

Unbegreifliches Schicksal

Wie viele Dinge geschehen im Leben, die, wenn sie sich ereignen, uns Menschen unbegreiflich sind. Da lebt z. B. eine 90jährige Frau im Pflegeheim und muß erfahren, daß ihre 23jährige Enkelin mit ihrer Freundin auf Korfu von einem Geisteskranken ermordet wurde. Unbegreiflich scheint es, daß die eine uralt wird und die anderen so jung sterben müssen. Oder eine junge Frau bekommt zehn Tage nach der Geburt ihres ersten Kindes schreckliche Krämpfe. Ein hochqualifiziertes Ärzteteam bemüht sich um sie umsonst. Nach dem Tod stellt man einen Befund fest, der sehr oft nach einer Geburt eintritt und keineswegs zum Tod führen muß, wenn man ihn rechtzeitig diagnostiziert.

Auch das Gegenteil kennen wir. Jemand erlebt einen unbeschreiblichen Autounfall mit Totalschaden und kommt mit einer Schramme am Bein davon. Aber nicht nur in der Nähe des Todes geschieht Unbegreifliches. Es gibt Eltern, die ihren Kindern eine liebevolle, kindgemäße Erziehung angedeihen lassen. Sie bringen große Opfer, um den Kindern die beste Schule, die beste Ernährung, glückliche Ferien, Musikunterricht und vieles mehr zu ermöglichen. Als Erwachsene machen ihnen einige aus der Geschwisterschar den Vorwurf, von ihnen nicht richtig behandelt worden zu sein. Wie sollen die Eltern und andere, die Zeugen dieser Kindheit waren, das verstehen?

Im Berufsleben gibt es viel Unbegreifliches. Ein Unfähiger steigt auf, und einer, der seinen Beruf liebt, sein ganzes Herzblut dafür hingibt, bleibt immer in der gleichen Position. So könnte man mit Beispielen fortfahren. Jeder hat sie schon erlebt. Es gibt Menschen, die gehen an solchen unbegreiflichen Schicksalen zugrunde. Sie hadern, sehen überall nur Negatives, werden Eigenbrötler oder überspielen ihre Gebrochenheit mit lautem Gebaren. Es gibt andere, die wachsen daran und bedeuten etwas für ihre Mitmenschen durch die Art, wie sie mit dem Unbegreiflichen leben. Was können wir selber tun, um dem scheinbar Unbegreiflichen gewachsen zu sein, das uns ja als Ungewisses jederzeit nahe ist? Unbegreiflich sind die Vorkommnisse für den Verstand, der sich an der materiellen Welt orientiert, für das Gerechtigkeitsgefühl, das sich auf das Schicksal zwischen Geburt und Tod bezieht, und für die moralische Beurteilung von Handlungen, deren tiefere Beweggründe wir nur selten kennen, weder bei uns selbst noch bei anderen.

Wir können unbegreifliches Schicksal nur dann in unser Leben einordnen, annehmen, vielleicht sogar bejahen, wenn wir unseren inneren Blick nach drei Richtungen erweitern: In die Höhe über die materielle Welt hinauf, in die Tiefe unter die Oberfläche der Seele, die alles so moralisch, edel oder entschuldbar erscheinen läßt, und in die Weiten über die Grenzen von Geburt und Tod hinüber. Den Blick für die Welt über uns können wir zunächst an Inhalten, die noch gar nicht direkt mit Schicksal zu tun haben, schulen. Es gibt nichts Gestaltetes in der Natur, das nicht Ausdruck einer weisen Gesetzmäßigkeit ist. Wir können sie in unserer Seele denken und wir können sie als gestaltendes Prinzip in der Natur, z. B. in der Pflanze, anschauen. Alle Naturgesetze führen uns über die materielle Erscheinung hinauf in die Geistigkeit der Natur.

Mit der Tierwelt kann es uns noch anders ergehen. Ein Mensch geht mit seinem Hund im Park spazieren. Der

Hund gehorcht ihm, bringt ihm vielleicht einen Stock, oder kehrt um, wenn er gerufen wird. Plötzlich hört der Hund nicht mehr auf seinen Herrn, folgt seiner Nase, rennt erregt fort, und dann sieht man sechs Hunde auf einmal, die in höchster Spannung miteinander beschäftigt sind. Von den Bemühungen der dazugehörigen Menschen erreicht sie nichts. Die Menschen stehen machtlos vor der Hundewelt. Die Hunde zeigen ihre wahre Art ohne Anpassung an die Menschenwelt. In solchen Situationen sind sich Hund und Herrchen oder Frauchen meistens völlig fremd.

Keiner kann über die Grenzen seiner eigenen Welt hinausblicken in die Geistigkeit des anderen. Der Mensch könnte es, wenn er nicht so selbstbezogen wäre. Mit Tieren, die ihm nicht so nahestehen, kann er es noch weniger, wenn er nicht ein Verhaltensforscher oder Tierpfleger ist. Was der Mensch mit Tieren tut, ist meistens ein verständnisloser Einbruch in ihre Welt. In der Menschenwelt geschehen auch solche Einbrüche von oben, nur mit dem Unterschied, daß die Wesen über uns die Menschenwelt besser verstehen als die Menschen die Tierwelt.

Aber wir wollen sie genausowenig einlassen, wie die Tiere uns einlassen wollen. Wir erzwingen uns die Eingriffe in die Tierwelt mit Unverstand. Die Schicksalslenker der Menschen, der Völker, der Kulturen, die Engel genannt werden, treten zwar ein in die Menschenwelt, oft für den Menschen sehr unerwartet und plötzlich, aber niemals zwingen sie den Menschen, sie in sein Tun und Denken einzubeziehen.

Alle unbegreiflichen Schicksale, die freudigen wie die schmerzlichen, sind solch ein Hereinwirken der Wesen über uns in unsere Menschenwelt.

Ein sehr großes Ereignis dieser Art war das Erlebnis von Paulus vor Damaskus. Da brach Christus selber in seine enge Menschenwelt ein. Er wurde von dieser Begegnung zu Boden geworfen und wurde vorübergehend blind. Er hörte die Stimme dessen, den er verfolgte, sagen: „Warum verfolgst du mich?" Er wehrte sich nicht, sondern nahm diese Begegnung aus der Welt über der Sinnenwelt an. Er durchbrach die Grenzen des Gesetzes und der Überlieferungen, in der er vorher gelebt hatte, und tat den Schritt in die geistige Realität, aus der auch einmal Gesetz und Überlieferung hervorgegangen waren. Er gab alles auf, was er bis dahin als heiligen Auftrag durchgeführt hatte, und diente dem, den er vorher verfolgte.

Auch wir verfolgen manches in unserem Leben mit großem Eifer. Und plötzlich schlägt so ein unbegreifliches Schicksal ein, eine Krankheit, das Zerbrechen eines lange vorbereiteten Planes, die Veränderung in einer menschlichen Beziehung, ein plötzlich auftauchendes Berufsproblem, der Tod eines nahen Menschen, die eigene Eheschließung, das Kommen eines Kindes. Wie ein Blitz schlägt das Unerwartete in unser Leben ein. Wir stürzen innerlich zu Boden, sehen überhaupt nichts mehr, wissen nicht, was los ist. Dann gilt es, die Stimme zu hören: Warum verfolgst du mich mit dem, was du bisher verfolgst?

Ein Mensch, dem das widerfährt, braucht dann eine Zeit der Zurückgezogenheit, wie sie damals dem Paulus auch gewährt war. Nichts ist schlimmer, als wenn dann alle wohlmeinenden Menschen ihre Ratschläge erteilen. Jeder kann nur ganz für sich selber herausfinden, warum ihm das Unbegreifliche geschah und wofür er dadurch sehend werden soll. Er muß ja den schweren Prozeß vollziehen, das, was er bisher verfolgte, als eine Verfolgung des Christus anzuerkennen. Vielleicht bestand diese Verfolgung darin, daß er, aus bestem Willen heraus, nicht warten konnte, seine Pläne zu verwirklichen, sich nicht von Situationen belehren lassen, nicht etwas entgegennehmen konnte, was nicht von ihm selbst stammte.

Vielleicht sollte er auch einmal in eine ganz andere Richtung schauen als bisher. Vielleicht sollte er etwas kennenlernen, was nicht zu seinem bisherigen Erfahrungsbereich gehörte. Was auch immer aus dem unbegreiflichen Schicksal ihm erwachsen mag, wenn es ihn nur dazu führt, nicht mehr sein eigener Herr zu sein, sondern dem zu dienen, der selber der Menschheit dient.

Menschen, die einen solchen Einbruch von oben in ihre bisherige Welt annehmen, erleben, daß sie von da an die Welt über uns einzubeziehen vermögen und zu ganz anderen Beurteilungsmöglichkeiten und Ein-sichten gegenüber unseren irdischen Lebenstatsachen kommen. Die Angehörigen der jungen Frau, die einige Zeit nach der Geburt ihres Kindes starb, erlebten im Anschauen dieser kurzen Biographie, wie abgerundet und erfüllt diese war und daß dieser frühe Tod zu dem, was gelebt worden war, paßte. Für sie war die unbegreifliche Blindheit der Ärzte ein Werkzeug der Schicksalsmacht, die dieses Leben gelenkt hatte. So geht es vielen, die den frühen Tod eines nahestehenden Menschen durchleiden müssen. Sie entdecken, daß Vollendung nicht eine Sache der äußeren Zeit ist, sondern eine innere Erfüllung, die durch den Tod in eine neue Wirkensweise übergeführt wird.

Wenn wir durch Schicksale aus den materiellen Welterscheinungen und Beurteilungen in die Erfahrung höherer Welten geführt werden, bekommt das Unbegreifliche einen neuen Sinn.

Es gibt andere Ereignisse, die treffen uns so, daß unsere eigenen verborgenen Tiefen dadurch aufgerissen werden. Eine Legende kann deutlich machen, was gemeint ist: Ein reicher Mann hatte viele hundert Schafe. Ein Armer hatte nur drei Schafe. Er bat den Reichen, ob sein Knabe mit den drei Schafen sich seiner Herde anschließen dürfe. Der erlaubte es. Als aber der König zu dem Reichen einen Diener schickte, er möge ihm für ein Fest ein Schaf geben, gab ihm der Reiche zweimal ein Schaf von dem Armen. Da beschloß der Knabe, sich mit seinem einzigen Schaf, das ihm blieb, von dem Reichen zu trennen, und ging hinauf in die Berge. Der Vater fand ihn dort und blieb bei ihm und dem Schaf in der Hütte.

An einem Abend klopften zwei Wanderer bei ihnen an. Sie wußten nicht, daß es der Herr mit seinem Apostel Petrus war. Weil sie nichts anderes anzubieten hatten, schlachteten sie ihr einziges Schaf und setzten es den Gästen zum Mahl vor. Bevor sie sich zum Schlafen niederlegten, denn sie gaben auch ihr Nachtlager dem Fremden, sagte der Herr, sie sollten die Knochen von ihrem Schaf einsammeln, in das Fell wickeln und vor die Türe legen. Als der Arme mit seinem Sohn am nächsten Morgen erwachte, waren die Fremden schon fort, und vor der Hüttentür sahen sie hundert Schafe auf der Wiese weiden und ihr eigenes Schaf stand lebendig vor ihnen. Es trug auf der Stirn ein Schild mit leuchtender Schrift: Dies sei mein Dank an Euch. Als der Arme mit seiner großen Herde vom Berg herab ins Dorf zurückkam, wunderten sich alle, und der Reiche fragte ihn, wie er zu dieser großen Herde gekommen sei. Der Arme erzählte ihm alles. Da lud der Reiche alle Bettler des Landes ein, um ihnen ein großes Mahl zu bereiten. Er schlachtete alle seine Schafe und speiste damit die Bettler. Dann sammelte er die Knochen, wickelte sie in die Felle und legte sie so vor seine Türe. Als er am nächsten Morgen hinausschaute, lagen da immer noch die Felle mit den Knochen und er war ein armer Mann geworden.

Zwei Menschen können äußerlich das gleiche tun, aber in der Tiefe der Seele ist es etwas völlig anderes. Manches unbegreifliche Schicksal könnte uns Anlaß sein, in diese Tiefen hinabzusteigen und uns dort zu sehen, wie wir wirklich sind. Aber wir meiden das, weil wir instinktiv fühlen, wir könnten an dieser Begegnung mit uns selbst zerbrechen.

Eine Hausfrau ließ sich für das Gefrierfach von ihrem Kühlschrank eine neue Tür schicken, weil die alte nicht mehr hielt. Auf der Anleitung stand, man solle diese Tür durch einen Mann vom Kundendienst anbringen lassen. Im anderen Fall müsse der Kunde, wenn es dazu käme, die Reparatur selber bezahlen. Die Hausfrau wollte die Sache schnell erledigt haben und versuchte, die Tür selber auszuwechseln. Es gelang ihr nicht und sie hörte bei ihrem vergeblichen Versuch ein kleines Knackgeräusch. Schließlich mußte sie doch den Kundendienst bestellen. Sie war darüber verärgert, wollte aber auf keinen Fall Geld dafür bezahlen. Der Fachmann stellte sofort fest, daß an der neuen Tür ein kleines Häkchen abgebrochen sei. Sie leugnete, daß ihr das passiert sei, und behauptete, die Tür so bekommen zu haben. Der Mann blieb dabei, daß das Häkchen abgebrochen und daß das kein Werksfehler sei. Die Frau blieb bei ihrer Leugnung. Der Mann reparierte alles und legte ihr dann eine entsprechend hohe Rechnung vor. Als er gegangen war, traf es die Frau wie ein Donnerschlag. Diese lächerliche, völlig unnötige Lüge stürzte sie in die Tiefe ihrer eigenen Seele, in der sie alles zu sehen bekam, wozu sie an Schrecklichem, Abgründigem fähig war. Sie fühlte ihren inneren Menschen vernichtet. Unverhüllt und schonungslos stand sie vor ihrer eigenen moralischen Wirklichkeit. Alles, was sie an anderen Menschen verurteilte, entdeckte sie in sich selber. Sie wäre am liebsten gestorben vor Entsetzen und Scham. Da fühlte sie plötzlich, wie ein ungeheures Erbarmen und Verzeihen sie aufrichtete. Es war da jemand, ohne den sie nicht hätte ertragen können, was ihr als die Wirklichkeit ihrer Seele begegnet war. Dieser Erbarmende wurde ihr von da an immer gegenwärtig, wenn sie Menschliches und Allzumenschliches um sich oder in sich erlebte. Später traf sie auf einen Spruch von Rudolf Steiner, und es wurde ihr deutlich, daß sie etwas davon erlebt hatte! „Es gibt in der Tiefe des Menschen etwas, das von nichts anderem spricht als nur vom Menschsein, das alle menschlichen Differenzierungen hinwegschafft. Erst in dieser Tiefe findet man den Christus."

Wer Schicksalsbegebenheiten ernst nimmt, auch solche, die klein und alltäglich zu sein scheinen, wer sich gegen den Sturz in die eigene Tiefe nicht verschließt, der braucht keine Tiefen-Psychologie und keine daraus gebildete Therapie, weil er dem geistigen Therapeuten des Menschseins, dem „Weltenheiler", selber begegnet.

Die dritte Erweiterung unseres inneren Blicks geht über die Grenzen von Geburt und Tod hinaus. Unser ganzes Erdenleben ist ja ein Zusammenwirken von Folgen aus der Vergangenheit und Vorbereitungen der Zukunft. Wir können uns üben, diese beiden Strömungen, die unser Schicksal bilden, zu unterscheiden. Das gibt uns eine neue

Möglichkeit, Unbegreifliches als zu uns gehörig einzubeziehen. Alles, was ohne unseren bewußten Willen, aber wie eine unausweichliche Notwendigkeit mit uns und durch uns geschieht, das Freudige wie das Schmerzliche, ist eine karmische Folge von Verhältnissen, die wir selber früher geschaffen haben.

Alles, was wir aus innerster Freiheit tun, aus einem von uns selbst neu gefaßten Entschluß, auch die Opfer, die wir freiwillig bringen, die Verzichte, die wir freiwillig leisten, die Kräfte, die wir aus eigenem Willen für eine Sache oder Menschen einsetzen, sind Vorbereitungen für die Zukunft, deren Früchte über den Tod hinaus reichen. Rudolf Steiner schildert dieses karmische Gesetz an einem Beispiel: Wenn zwei Menschen sich begegnen, ist alles, was zu dieser Begegnung hingeführt hat, eine karmische Notwendigkeit und eine Folge früherer Verhaltensweisen zwischen den beiden. Was sie aber aus dieser Begegnung machen, ob es eine Freundschaft, eine Ehe, eine Berufsgemeinschaft wird, das ist in ihre Freiheit gestellt und das wirkt für ihre Zukunft.

Das Schicksal der Eltern, die mit freiwilligen Opfern alles für ihre Kinder getan haben und doch später von ihnen Vorwürfe bekommen, hat auch diese Zusammenhänge mit Vergangenheit und Zukunft. Mit dem Leid, der Enttäuschung, die sie an ihren Kindern durchmachen, arbeiten sie etwas auf, was von früher stammt, und auch die Kinder müssen sich durch dieses scheinbar undankbare, ungerechte Verhalten von etwas Vergangenem befreien. All der gute Wille der Eltern, das Bemühen und jede echte Selbstlosigkeit wird ihre Früchte erst in der Zukunft bringen, oft nicht mehr in diesem Leben, sondern noch viel später.

Wer für diese beiden Strömungen sensibel werden will, der muß sich im Erinnern üben. Es ist ganz erstaunlich, welche weitreichenden Zusammenhänge man entdecken kann, wenn man täglich aufschreibt, was einem äußerlich oder innerlich begegnet ist, was einem bewußt geworden ist, was man Ungewöhnliches geträumt oder beim Aufwachen gedacht, gefühlt, vernommen hat. Man kann sogar während des Tages so manche Beobachtung oder Erfahrung aufschreiben, die einem sonst schnell entschwinden würde. Auf diese Weise kann man den Tag, das Jahr und ganze Lebensabschnitte zurückverfolgen. Dabei entdeckt man Zusammenhänge, Fügungen, Hinweise, Sinn und Weisheit mancher Geschehnisse, die uns, als wir darin steckten, so unbegreiflich waren.

Man muß dabei allerdings einen gewissen künstlerischen Sinn entwickeln, oder die Kunst des Lesens. Denn man kann natürlich ein Bild anschauen und sagen, da sind diese und jene Farben drauf, der Untergrund ist Leinwand, die Farben sind aus verschiedenem Material zusammengemischt. Oder man kann feststellen, daß eine Landschaft, eine Szene, etwas Abstraktes gemalt wurde. Oder man kann das Bild innerlich nachbilden, nachfühlen, wo es Leichte und Schwere hat, wohin es strebt, wie es bannt und frei läßt, wo seine Mitte ist, welche Bewegung von innen nach außen, von außen nach innen geht, wo Verdichtungen und Auflösungen sind.

So kann man im Anschauen an seinem Lebensbild selber schöpferisch werden und sich dadurch von ihm etwas sagen, Empfindungen wecken lassen. Wer seine Vergangenheit schöpferisch sehen lernt, in dem erwächst immer mehr auch ein Vertrauen in die Zukunft. Er macht nämlich die Entdeckung, daß es kein biographisches Material gibt, aus dem sich nicht etwas Sinnvolles herstellen ließe. So erweitert sich das Bewußtsein für die Vergangenheit durch gesteigerte Aufmerksamkeit im Zurückschauen und das Bewußtsein für die Zukunft durch Vertrauen in das, was aus „gutem Willen" geopfert, getan oder auch nur versucht und geübt wird.

In der Christengemeinschaft wird eine neue Form der Beichte gepflegt. Sie beginnt damit, daß der Mensch auf sein Leben oder den jüngsten Teil seines Lebens zurückschaut, nicht nur im Sinne eines Schuldbekenntnisses, eines Sündenregisters, sondern in dem Bemühen, das Bild zu sehen, das da entstanden oder verdorben worden ist. Indem er das vor dem Hörenden aufzeigt, kann deutlich werden, wie man daran weiterarbeiten will. Auch aus dem, was verdorben wurde, läßt sich noch etwas machen, wenn man es neu einordnet.

Ein Religionslehrer hielt die Kinder dazu an, Bilder zu malen. Sie durften aber niemals ein Blatt herausreißen, ein Bild durchstreichen oder radieren, sondern an jeder mißlungenen Stelle wurde so gemalt, daß aus einem mißglückten Pferd ein Hügel in der Landschaft, aus einem ausgerutschten Strich ein Vogel, aus einem unfreiwilligen Farbfleck ein besonderer Akzent für das ganze Bild gesetzt wurde. „Retten, retten", riefen die Kinder, wenn so etwas nötig geworden war.

So kann auch der Mensch, dem in der Vergangenheit etwas mißlungen ist, durch besondere Bemühung um diese Stelle, daraus etwas Kostbares für die Zukunft werden lassen. Das Gespräch, das am Anfang einer Beichte stattfindet, hat diese horizontale Gebärde von der Vergangenheit in die Zukunft. Der sakramentale

Spruch, der darauf folgt, leitet die Seele an, ihre Gedanken in die Höhen zu richten, über die materielle Welt hinaus dem Göttlichen zur Verfügung zu stellen und in die Tiefe des eigenen Willens den göttlichen Willen aufzunehmen. Die Gebärde nach oben und nach unten wird da vollzogen. So entsteht ein unsichtbares Kreuz. Und im Erbilden dieses Kreuzes erlebt sich der Mensch im Einklang mit der Weltordnung, erfährt er, was Frieden ist.

Es gibt ja im Christentum zwei Darstellungen des Kreuzes Christi. Im Süden Europas entstand das Kreuz mit dem Gemarterten, dem Schmerzensmann. Unbegreifliches Schicksal wird da in Erinnerung gebracht, daß der Gott als Mensch unschuldig qualvoll gelitten hat und wie ein Verbrecher getötet wurde. Im Norden, im iroschottischen Christentum, entstand das Kreuz mit der Sonnenscheibe. Wenn Christus darauf dargestellt ist, dann steht er souverän mit ausgebreiteten Armen, als wolle er liebend die ganze Welt umfangen. Wir können im neuen Beichtsakrament diese zweifache Kreuzesgebärde durchleben. Wir schauen hin auf unbegreifliches Schicksal, das hinter uns oder noch vor uns liegt, wir schauen an, wie Christus auch heute auf vielfache Weise überall da gemartert und verbrecherisch behandelt wird, wo durch uns oder andere das Menschentum mißachtet, mißhandelt wird.

Aber wir dürfen das Kreuz aus seiner Starre nach allen vier Richtungen in Bewegung bringen, wie es hier beschrieben wurde. Dann verwandelt sich der Gekreuzigte in den Liebenden und die Seele, die diese Gebärde mit ihm, durch ihn vollzieht, darf erleben, wie unbegreifliches Schicksal zum Quellort für Friedensgefühle wird.

Durch das Beichtsakrament könnten die Menschen eine neue Art kennenlernen, mit dem Kreuz zu leben und das unbegreifliche Schicksal in Friedenskräfte überzuführen.

Die Christlichkeit des Menschen in seinem Verhältnis zum Leib

Das Verhältnis der Menschen zu ihrem Leib ist sehr verschieden. Mancher fühlt seinen Leib ganz zu sich gehörig, als Ausdruck seines Wesens oder sogar mit diesem identisch. Der Mensch, das ist der Leib, der von der Mutter geboren wurde und am Ende des Lebens stirbt. Mit der Empfängnis, oder auch erst mit der Geburt, so denken und verhalten sich heute viele Menschen, beginnt der Mensch erst zu sein, und mit dem Tod des Leibes hört er auf zu sein.

Andere Menschen erleben ihren Leib als etwas, das gar nicht richtig zu ihnen paßt. Sie empfinden ihn als eine Last, als einen Fremdkörper, als ein Hindernis und suchen Mittel und Möglichkeiten, ihn wenigstens vorübergehend vergessen zu können durch Rausch, Ekstase, durch Drogen oder auch durch geistige Übungen.

Schon die Geburt eines Menschen kann Hinweis sein auf seine Verhältnisse zum Leib. Mancher kommt leicht in dieses leibliche Leben hinein. Andere schrecken davor zurück, oft so sehr, daß ihnen Behinderungen entstehen. Oder sie nehmen alle leiblichen Hindernisse, z. B. Folgen von Blutgruppenverschiedenheit beider Eltern, mit großer Kraft und werden stark an der Eroberung ihres Leibes.

Auch, ob jemand als Frau oder Mann geboren wird, bewirkt ein verschiedenes Verhältnis der Seele zum Leib. Im allgemeinen ist es so, daß ein Mann etwas zu tief mit seinem Leib verbunden und deshalb die Gefahr bei ihm größer ist, die materielle Welt als die einzige Wirklichkeit anzuerkennen, sein Leben ausschließlich von ihr bestimmen zu lassen. Die Frau bleibt im allgemeinen mit ihrer Seele immer ein wenig außer dem Leibe. Darum ist sie zugänglicher für Vorgänge und Bereiche, die nicht nur leibbestimmt sind. In religiösen Veranstaltungen sind meistens die Frauen in der Überzahl.

Auch die Rassen und Völker unterscheiden sich in ihrem Verhältnis zum Leib. Wer gesehen hat, wie ein Indianer ein wildes Pferd einreitet, ohne abgeworfen zu werden, der kann dessen sicheres Verhältnis zum Leib bestaunen. Wer einen Zenmeister in Versenkung erlebt hat, kann dessen Lösung vom Leib bewundern. Die Urbevölkerung Amerikas empfing in alten Zeiten ihre Anweisungen für das Leben des Stammes aus der Erde. Die Kultstätte, der heilige Ort, war eine Vertiefung in der Erde, wo die „Mutter" saß, wenn sie die Inspirationen für ihren Stamm empfing. Im Osten sprachen die geistigen Wesen den Meistern vom Himmel herab die Wahrheit zu. Ob die Menschen unserer heutigen Kultur ihre Denk- und Lebensweise mehr von Amerika oder von Indien prägen lassen, ist auch ein Hinweis auf ihr Verhältnis zum Leib.

Der eine Aspekt des menschlichen Leibes ist, daß er nur entweder männlich oder weiblich sein kann und darum immer einer Einseitigkeit unterliegt. Der andere Aspekt ist, daß der menschliche Leib vom ersten Moment seiner Entstehung an auf das hinorientiert ist, was ihn als Menschen von anderen Wesen auszeichnet. Er ist ein Individuum, ein einmaliges Wesen, ein Ich. Er spricht eine worthafte Sprache und ist fähig, aus Freiheit zu lieben und nicht nur durch die Bindungen der Art, der Gattung, des Blutes.

Der Mensch kann daran arbeiten, ein menschengemäßes Verhältnis zu seinem Leib herzustellen, unabhängig davon, ob er Mann oder Frau ist, unabhängig davon, welcher Rasse, welcher Familie er angehört, unabhängig davon, ob er im Osten oder Westen der Erde lebt.

In der Schöpfungsgeschichte der Bibel wird erzählt, wie der Schöpfergott die Elohim aufrief: „Lasset uns die Menschen schaffen, ein Bild, das uns gleich sei. Und Gott schuf den Menschen, zum Bilde Gottes schuf er ihn. Er schuf ihn männlich-weiblich zugleich." Wie wird denn diese schaffende Gottheit geschildert, zu deren Bild der Mensch geschaffen wurde? Sie wird geschildert als ein worthaftes Wesen. Durch das Wort ruft sie die Welt aus sich heraus. So wie ein Dichter das, was in ihm lebt, durch das Wort nach außen bringt, so brachte der Schöpfergott die Welt, die in ihm lebte, durch das Wort nach außen. Mit dieser Worthaftigkeit begabte er den Menschen. Das wird in der Bibel so erzählt, daß er allen anderen Erdenwesen ihren Namen gab, ihr Wesen also ins Wort bringen konnte.

Die andere Fähigkeit, die er von dem Schöpfergott erhielt als eine gottähnliche, das war die Liebe, die sich nicht nur auf die eigene Art und Gattung bezieht, sondern Liebe gegenüber der ganzen Schöpfung und gegenüber den schaffenden Geistern.

Das dritte, was ihn Gott gleich macht und von den anderen Wesen unterscheidet, ist das Bewußtsein, als einzelner der Welt gegenüber zu stehen. Ein Tier ist eingebettet in seine Tierheit, gebunden in seine Instinkte und eins mit seiner Umgebung. Der Mensch erlebt sich als ein Gegenüber sowohl für die übrige Welt wie für den Gott, der sich ihn gegenüber geschaffen hat. Darin liegt der Keim, ein Ichwesen zu werden.

Das Johannes-Evangelium schildert uns in besonderer Weise das Wesen des Schöpfergottes. Es spricht von ihm als dem Wort, durch das alles Entstandene geworden ist. Und dieses Wort ist Fleisch geworden und hat unter uns gewohnt. Es kam in sein Eigentum, es kam in das, was im Menschen göttlichen Wesens ist. Es kam in sein Eigenes, aber die Eigenen nahmen es nicht auf. Die es aber aufnahmen, die konnten sich durch es als Gottes Kinder offenbaren. Die göttliche Eigenheit, das ist die göttliche Ichheit. An ihr hat die menschliche Eigenheit, die menschliche Ichheit Anteil. Aber es steht ihr frei, das göttliche Ich in das eigene aufzunehmen oder nicht. Auch von der dritten göttlichen Kraft spricht das Johannes-Evangelium, von der Liebe. „Gott ist Liebe, und wer in der Liebe bleibt, der bleibt in Gott und Gott in ihm." „Daran soll die Welt erkennen, daß ihr meine Jünger seid, daß ihr einander liebet." „Wie mich der Vater liebt, so liebe ich euch."

Das Johannes-Evangelium ist geprägt von diesen drei Kräften, die der Gott dem Menschen gegeben hat und durch die der Mensch zum Bilde Gottes werden soll: Worthaft, ichhaft und liebend zu sein. Durch das, was der Sündenfall genannt wird, hat der Mensch seine Gottebenbildlichkeit verloren. Er hat zwar noch diese drei Fähigkeiten, die ihn als Mensch auszeichnen: Wort – Ich – Liebe, aber sie wirken nicht mehr zusammen. Sie treten im Leib getrennt auf oder chaotisch durcheinander gewirbelt. So gerät der Mensch in die Gewalt des Satanas, das heißt auf deutsch: der Hinderer, oder in die Gewalt des Diabolos, das heißt auf deutsch: der Durcheinanderwerfer. Der Hinderer bewirkt die Leibverhaftung. Da unterliegt der Mensch der Trennung vom Geistigen, der Verfestigung und den Todeskräften. Er wird verhindert, die geistige Welt ins Leben einzubeziehen.

Der Durcheinanderwerfer bewirkt, daß der Mensch die leibliche und geistige Wirklichkeit nicht mehr unterscheiden kann. Er erlebt das Geistige leiblich und das Leibliche geistig, hält seine Visionen für äußere Wirklichkeit und die irdische Welt für ein Jammertal, eine Schöpfung des Bösen, der man zu entfliehen suchen sollte.

Es gibt Epochen, wo die Menschen durch Leibesverachtung ein geistiges Leben anstreben. Die Widersacher haben es verstanden, auch innerhalb des Christentums diese Einseitigkeiten in das menschliche Leben zu bringen. Darum gilt es, sehr zu prüfen, ob das, was sich christlich nennt, diesen Namen wirklich verdient. Das Christliche erkennt man am Zusammenwirken von Wort, Ich und Liebe. Da teilt die Liebe dem anderen vom eigenen Wesen worthaft etwas mit. Die Gebärden der Liebe gehen von Ich zu Ich und werden zur Sprache zwischen den beiden. Ob einer dem anderen zuhört, ob er ihm einen Dienst erweist, ob er in einer Notlage für ihn einspringt oder ob einer dem anderen eine Tür öffnet, ihn ein Stück Weg begleitet, das alles ist christlich, wenn es aus Freiheit geschieht und den anderen innerlich frei läßt. Und es ist christlich, wenn Wort, Ich und Liebe gleichermaßen in dem wirken, was zwischen den Menschen lebt.

Wenn das Ich allein bestimmt, führt es zum Egoismus. Der Mensch kapselt sich ab, verfolgt nur seine eigenen Interessen und Wünsche, auch da, wo er äußerlich mit anderen spricht. Oder der Mensch wird hochmütig, genießt sich selbst und macht andere von sich abhängig. Wenn das Wort vom Ich und der Liebe getrennt wird, entsteht Geschwätz, leeres Gerede, oder die Sprache wird Medium der Täuschung, wie es oft in der Werbung, der politischen Propaganda oder in den Verführungen der Jugend geschieht. Wenn die Liebe sich vom Ich- und Worthaften trennt, gerät der Mensch in die bloße Triebhaftigkeit. Da entstehen Hörigkeiten, Abhängigkeiten und von niemandem gewollte Schicksalsverkettungen.

Und jedesmal machen sich die beiden Widersacher des Menschen geltend, die ihn in Leibverhaftung oder Leibesflucht treiben wollen. Bis jetzt hat erst einer das Idealbild des Menschen ganz zu verwirklichen vermocht. Das göttliche Wort, das göttliche Ich-Bin, die göttliche Liebe hat den Menschen Jesus bis in die Leiblichkeit durchdrungen und hat einen Anfang gemacht, als Mensch leibbefreit im Leibe zu leben und das aus völliger Freiheit. Im Leben Jesu gab es keinen Moment, wo Ich, Wort und Liebe nicht zusammen gewirkt hätten. Mit jedem Wort, das er sprach, war er ganz und gar identisch. Jedes Wort hat er aus Liebe gesprochen, Liebe zum Vater, zu den Menschen, zu aller Kreatur. Und nicht nur sein gesprochenes Wort war von Liebe durchdrungen, sondern er erhob alles, was um ihn geschah, in die Sphäre des Wortes.

Durch seine Gleichnisse erhob er das äußere Leben in die Sphäre des Wortes. Was der Hirte, der Fischer, der Kaufmann, der Bauer, die Hausfrau, der Arzt, das Kind taten, alles brachte er für die Menschen zum Sprechen. In seinen Heilungen brachte er die Seele und ihre Schicksale zum Sprechen. Er zeigte den Menschen, wie ihre Krankheiten Sprache ihrer Seelenverfassungen sind, und half ihnen, an der Seele zu arbeiten, damit ihnen nicht Schlimmeres widerfahre. Sein eigenes Leben ist Sprache des Geistes. Sein Erdenleben machte offenbar, was vorher in den Mysterienstätten als geistige Wahrheit erlebt und gepflegt wurde. Das Geheimnis der Jungfrau, die das Kind gebiert, kannte man gleichermaßen in Ägypten und in den Mysterien der nordischen Druiden. Die dreifache Versuchung war in allen Mysterien bekannt. Lehre, Heilung, Schicksalsführung ging von ihnen aus. Tod und Auferstehung war das zentrale Ereignis jeder Einweihung. Das ganze Leben Jesu war so eine einzige geistige Mysteriensprache. Zugleich war es eine freie Tat seines Ich. „Du hättest keine Macht über mich, wenn sie dir nicht von oben gegeben wäre", sagt er zu Pilatus. Er hätte auch sagen können, „wenn sie dir nicht von mir gegeben wäre". Und das Liebesmotiv seines Lebens spricht er aus mit den Worten: „Niemand hat größere Liebe als die, daß er sein Leben hingibt für seine Freunde." Zum Bekenntnis der Christengemeinschaft gehört der Satz: „Er (Christus) wird einst sich vereinen zum Weltenfortgang mit denen, die er durch ihr Verhalten dem Tode der Materie entreißen kann." Ein fernes Ziel wird da vor uns hingestellt. Aber das Vereinen hat mit seiner Menschwerdung begonnen, und an unserem Verhalten können wir so arbeiten, daß wir beginnen zu lernen, leibbefreit im Leib zu leben, an der Durchdringung unseres Lebens mit Wort, Ich und Liebe zu arbeiten so, daß dem Sterblichen einst die Auferstehungsleiblichkeit entrissen werden kann.

Wir sind ja zunächst in unserem alltäglichen Leben sehr abhängig von den Zuständen unseres Leibes. Wenn wir Kopfweh haben, können wir nicht klar denken. Wenn wir erschöpft sind, können wir unsere Mitmenschen schwer ertragen. Wenn die Leberfunktion gestört ist, bekommen wir Depressionen. Bei all diesen Leibesbeschwerden wird unsere Seele partiell unfrei. Der Leib macht uns abhängig. Wir möchten denken, tolerant sein, das Leben positiv nehmen, aber der Leib verhindert es. Die Menschen reagieren verschieden auf diese leiblichen Störungen. Manche sind ihnen völlig ausgeliefert, identifizieren sich mit ihnen und werden unfähig, ihre Seele damit leben und erleben zu lassen. Andere betäuben sich mit Medikamenten, um sich den leiblichen Störungen zu entziehen, ohne zu bedenken, daß sie damit zukünftige Störungen veranlagen.

Das eine ist Leibverhaftung, das andere Leibflucht. Man kann den leiblichen Störungen aber auch mit den drei Qualitäten des Menschseins begegnen. Weil der Mensch ein worthaftes Wesen ist, können ihm die Zustände seines Leibes etwas sagen, und wenn er den Leib als Tempel des Geistes achtet und ehrt, den Gott darin liebt, dann wird er Sorge tragen, daß der Leib wiederhergestellt wird, um dem Geist und der Seele darin dienen zu können.

Man kann aus Egoismus auf seine Gesundheit bedacht sein oder weil man dem göttlichen Ich-bin die ihm gemäße Leiblichkeit als Tempel oder Werkzeug zur Verfügung stellen will. Der Leib ist dann wie ein Instrument, das immer wieder gestimmt werden muß, damit der Mensch darauf spielen kann. Mancher Musiker spielt sein Instrument so vollendet, daß er ganz in der Musik lebt, sein Bewußtsein frei ist von der Technik der Finger und des Klaviers. Er spielt die Musik innerlich unabhängig vom Instrument und äußerlich doch auf dem Instrument. So kann der Mensch mit einem gestimmten Organismus leibbefreit im Leib leben, wenn er den Leib zuvor liebevoll in sein ganzes Tun einbezogen hat, wenn er den Leib sprechen läßt und auch das, was er ihm zuführt, mit Wort und Liebe begleitet, z. B. die Ernährung, die Bewegung, den Schlaf.

Nun gibt es auch Leibeszustände, die nicht durch bewußte Zuwendung zu beheben sind, unheilbare Krankheiten, Geburtsfehler, Folgen von Unfällen, alle die vielen lebenslänglichen oder jedenfalls lang anhaltenden Leibesnöte. Für einen Menschen, der an solchem leidet, scheint es unmöglich zu sein, leibbefreit im Leibe zu leben. Und doch ist es möglich, wenn er die drei Menschenqualitäten in erhöhtem Maße einsetzt. Er kann das schwere Leiden sogar wie ein besonderes Herausrufen seines Menschentums, seines Christwerdens erleben. Dazu muß er die Worthaftigkeit einsetzen mit der Frage: Was will mir das Leiden sagen?

Eine Frau bekam mit 28 Jahren ein schweres Leiden, das sie arbeitsunfähig machte und ans Bett fesselte. Da entdeckte sie darin eine Chance, etwas zu tun, wozu andere ihres Alters nicht kommen, weil sie von Beruf und Leben ganz in Anspruch genommen sind. Sie machte es sich zu ihrem Beruf, jeden Tag für bestimmte Menschen zu beten, wozu sie sich einen Plan für jeden Tag der Woche aufstellte. Durch viele Jahre bis zu ihrem Tod rang sie ihrem schmerzhaften Leib diese Gebetsstunden für andere ab. Ein anderer litt an unheilbarer Lähmung. Er lag in einer winzigen Stube, aber er ließ durch Menschen und Rundfunk die Welt zu sich herein. Intensive Hingabe im Zuhören und Sinnen schloß ihm in aller äußeren Engigkeit innere Räume auf.

Wer in einem solchen Schicksal nicht mehr sich selbst beklagt, sondern sich von ihm aufrufen läßt, die Ichhaftigkeit, die in der Bejahung lebt, die Worthaftigkeit, wodurch das Schicksal sprechend wird, und die Liebe, für andere offen zu sein, zu üben, der beginnt, trotz schwerster Behinderungen, leibbefreit im Leib zu leben.

Ein viel größeres Hindernis als Krankheit und Schicksal ist der Zwang der seelischen Triebe, die durch den Leib befriedigt werden. Die Psychologie teilt sie in drei große Bereiche, den Machttrieb, den Besitztrieb und den Geschlechtstrieb. Alle unsere kleinen menschlichen Schwächen gehören in einen dieser Triebbereiche. Bequemlichkeit, Genußsucht, Rücksichtslosigkeit, Eitelkeit, Feigheit und viele mehr lassen sich in die drei großen Triebbereiche Macht, Besitz, Geschlecht einordnen. Weil sie so ganz zum menschlichen Dasein gehören, merken wir viel weniger als bei Krankheit und schwerem Schicksal, wie sie uns dem Menschentum und Christwerden entfremden.

Jeder, der versucht, diese Triebe direkt anzugehen, sie zu bekämpfen, auszurotten, zu unterdrücken, muß die Erfahrung machen, daß sie ihn um so geheimer und mächtiger überfallen. Wer den Geschlechtstrieb bekämpft, bekommt schlimme Träume und Wahnvorstellungen, die ihn verfolgen. Wer den Besitztrieb bekämpft, bekommt mit Neid, Eifersucht, Geiz, Lieblosigkeit zu tun. Wer den Machttrieb bekämpft, wird stolz, zornig, brutal. Immer kommt der unterdrückte Trieb auf andere Weise an die Oberfläche und macht den Menschen doch von sich abhängig.

Für diesen Bereich gilt, daß man sich nur von ihm befreien kann, wenn man nicht gegen ihn vorgeht, sondern sich für das einsetzt, wovon der Trieb eine Verzerrung, eine Karikatur ist. Macht ist die Karikatur der wahren Ichhaftigkeit. Besitz ist die Karikatur der wahren Worthaftigkeit. Geschlechtstrieb ist die Karikatur der wahren Liebe. Wenn ich übe, zu mir selber zu stehen, auch zu meinen

Schwächen, zu meinem Unvermögen, zu dem, was ich unrecht getan habe, wenn ich bereit bin, von Schwächeren zu lernen, von Kindern und Irrenden, wenn ich mich in der Hingabe an mein äußeres oder geistiges Tun stark fühle, die überpersönliche Macht in meinem Dienen kennenlerne, dann wird mich der Trieb, der mich beherrscht, der Machttrieb freigeben, ohne daß er sich auf hinterlistige Weise bei mir einschleicht.

Der Besitztrieb wird mich freigeben, wenn ich mir die Welt innerlich zum Besitz mache, das heißt, wenn ich sie in meiner Seele zum Sprechen bringe. Denn in Wahrheit besitzt der Mensch nicht das, was er äußerlich erworben hat. Das kann ihm durch Krieg, Brand, Raub oder Tod genommen werden. Aber was er sich innerlich erworben hat, weil es ihm sein Wesen, sein Gesetz, seine Idee mitgeteilt hat, das kann ihm keine Macht der Welt nehmen. Er trägt es in sich, auch wenn er es aus Gedächtnisschwäche vorübergehend vergißt. Wieviel längst vergessene Dinge tauchen im Alter auf, weil der Mensch sie sich einmal innerlich erworben hat. Die Welt zum Sprechen bringen läßt den Besitztrieb machtlos werden. Und wenn ich wirklich den anderen liebe, für ihn mein Leben und meine Seele einsetze, dann wird das Geschlechtliche durch solche Liebe geheiligt, verliert seine Macht und wird aufgehoben in eine den ganzen Menschen umfassende Liebe. Wer die Triebe direkt bekämpft, dem wird der Leib zum Gefängnis. Wer sie aber aus ihrem Karikaturhaften dadurch erlöst, daß er am Menschenbild arbeitet, an Ich – Wort – Liebe, der arbeitet daran, leibbefreit im Leib zu leben. Er lebt im Leib, ohne daß dieser Macht auf ihn ausübt. Der Verlust seiner Worthaftigkeit, seiner Ichhaftigkeit, seiner Liebe stürzt den Menschen in die Sündenkrankheit. Es gibt gegen diese Krankheit eine gesundende Arznei. Das ist das Sakrament der Menschenweihehandlung.

Weihen heißt, etwas mit seinem geistigen Ursprung wieder verbinden. In der Menschenweihehandlung wird der Mensch mit seinem Ursprung, Wesensart von Gottes Wesen zu sein, wieder verbunden. Er wird dort mit göttlichem Wort, göttlichem Ich und göttlicher Liebe durchdrungen bis in seine Leiblichkeit hinein, in die er göttliche Leiblichkeit empfangen darf.

Wenn die Beziehung zur Jahresfestzeit durch die Gebetsworte am Anfang hergestellt ist, bereitet sich der Mensch im ersten Teil der Weihehandlung auf das Lesen und Hören des Evangeliums vor. Diese Vorbereitung beginnt mit der Bitte, daß sich mein Herz mit dem Leben Christi erfüllen möge. Mit einer Liebesgebärde beginnt so das ganze Geschehen. Das Menschenherz bittet, das Christusleben aufnehmen zu dürfen. Kann es eine innigere Liebe geben als die, daß das Herz des einen das Leben des anderen empfängt? Und der Mensch fährt fort, um das göttliche Wort zu bitten, das in seinem menschlichen Sprechen strömen möge. Herz und Wort werden zubereitet für die Verkündigung der Biographie des göttlichen Ich im menschlichen Schicksal, wie es das Evangelium beschreibt. So beginnt die Weihehandlung damit, daß Liebe, Wort und Ich des Menschen sich mit Liebe, Wort und Ich des Christus erfüllen mögen.

Im zweiten Teil, in dem der Mensch die Opferung seiner Seelenkräfte mit dem Einschenken von Wein und Wasser in den Kelch verbindet, wird darum gebetet, daß die dreifaltige Seele und die dreifaltige Gottheit sich wieder verbinden, wie sie im Ursprung verbunden waren. Und wieder wird um die Reinheit des Wortes, um unser Ich, unser Urständen im Geiste und um die wesenschaffende Liebe gebetet. Ungeheuer dicht wird die Durchdringung der dreifachen Opferkräfte des Menschen mit dem dreifachen Opfer von Wort – Ich und Liebe des Christus. Dann strahlen diese Kräfte wieder in die Atmosphäre hinaus, in Luft (Rauch), Licht und Seelenwärme.

Im dritten Teil werden die Wesenskräfte des Menschengottes in Brot und Wein hereingebetet. So werden Erdenstoffe unter dem Liebeswalten zwischen Gott und Mensch erfüllt von dem, der sie dann den Menschen als sein Leib und Blut spendet. Die Worteskraft, die Ichkraft und die Liebeskraft teilen sich dem Menschen bis hinein in seine Leiblichkeit mit. Das Brot ist Träger des Wortes. „Was uns im Brote speist, ist Gottes ewiges Wort...", sagt Angelus Silesius gemäß dem, was Christus dem Versucher geantwortet hat: „Der Mensch lebt nicht vom Brot allein, sondern vom Wort Gottes." Wir müssen das Brot in unserer Seele zum Sprechen gebracht haben, wenn wir es als Träger des göttlichen Wortwesens, als dessen Leib empfangen wollen.

In der Menschenweihehandlung wird alles Irdische, Sinnenhafte zum Sprechen gebracht. Das ist der Sinn von geistgemäßem Kultus, daß er die sinnliche Welt zur Sprache der geistigen Welt erhebt; und das Brot ist Repräsentant dafür. Denn wir Menschen ernähren uns nicht nur durch den Mund mit dem, was wir essen, sondern auch durch das, was wir sehen und hören. Das Sprechende wird Brot und das Brot wird worthaft. Indem der Priester das Brot zu sich nimmt, sagt er, daß die Seele durch das Wort gesundet. Das Brot ist die heilende Arznei für das Wortwesen des Menschen.

Der Wein als unvergorener Saft der Weinrebe ist die heilende Arznei für das Ichwesen des Menschen. Denn durch den Alkohol hat der Wein eine Wirkung auf das Blut, die wie eine Karikatur der Ichwirkung ist. Man sagt, der Mensch wird enthemmt oder er verliert die Selbstkontrolle. Er redet und tut viel, wovon er hinterher nichts mehr weiß. Er ist wie ein Reiter, mit dem das Pferd, sein Leib, der ihn trägt, durchgeht, statt daß er dem Pferd Weg und Gangart weist. Der Wein, der als reiner Rebensaft im Gottesdienst verwendet wird, nimmt nicht ein Pseudo-Ich, die Alkohol-Wirkung auf, sondern göttliche Ichhaftigkeit. Sie macht den Wein zum Träger, zum Blut Christi. Die Hingabe der Gemeinde und die Hingabe Christi an dieses leibergreifende Geschehen bewirkt, daß die Menschen den Frieden empfangen dürfen, der ausstrahlt, wo Leib und Geist im Einklang sind.

In der Menschenweihehandlung wird auf dreifache Weise für Christus eine Leiblichkeit bereitet. Die Stoffeswelt, vertreten durch Brot und Wein, wird sein Leib und Blut. In der Sprache des Kultus lebt das Wortwesen Christi. Und dieses Wortwesen teilt sich dem Brot und dem Wein mit, so daß sie zu uns sprechen. So werden sie Träger des Wortes, Leib des Wortes, Blut des Wortes.

Der Mensch, der sie in der Kommunion empfängt, bittet darum, daß es nicht zum Tod, sondern zum Leben der Seele und der Bildekräfte sei. Das Leben, das die Seele und die Bildekräfte dem Tod der Materie entreißt, ist nicht das natürliche Leben, sondern das Leben, das in der Aufmerksamkeit, in der Hingabe, in dem ganz Anwesendsein des Ich in dem, was geschieht, strömt. Nur durch Geistesgegenwart kann die Kommunion im Menschen wirksam werden.

Der Mensch bemüht sich, seinen Geist in das Geschehen hineinzugeben. Er empfängt in dieser Bemühung gnadenhaft den Geist des Christus. Nicht in Ekstase, im Außersichsein ereignet sich diese doppelte Geistesgegenwart, sondern im Leib. Der Menschenleib selber nimmt den Geist der Gegenwart auf und beginnt, dessen Leib und Blut zu werden. So wächst, im sterblichen Leib lebend, die zukünftige Leiblichkeit des Menschen, die von dem Auferstandenen erbildete Leiblichkeit im Menschen heran.

Die dritte Form des Leibes Christi ist die Gemeinschaft der Menschen, die sich zu seinem Empfang versammelt hat. Die Liebe zu Christus ist es, die die Gemeinde verbindet. Wenn sich diese Menschen im persönlichen Leben fremd sein mögen, die Liebe zu Christus vereinigt sie und macht sie zu den ganz verschiedenen Organen seines Leibes. Wer an der Kommunion teilnimmt, gliedert sich in den Gemeindeorganismus ein und erlebt, wie die Liebe des Menschen zu Christus und des Christus zum Menschen das Blut ist, das den Leib der Gemeinde als ihr Leben durchströmt. Aus der Worteskraft der Weihehandlung werden Brot und Wein Christi Leib und Blut. Aus der göttlichen Ichkraft, die in der Weihehandlung wirkt, wächst im sterblichen Menschenleib die Auferstehungsleiblichkeit heran. Die Liebe zwischen Christus und den Menschen ist das Lebensblut, das durch die Gemeinde strömt und sie zu seinem Leib werden läßt.

Die Stoffeswelt wird durch das Wort, das durch sie spricht, sein Leib und Blut. Der Menschenleib verwandelt sich in sein Leib und Blut soviel, als die göttliche Ichkraft darin gegenwärtig ist. Die Gemeinde wird sein Leib und Blut durch die Liebe zwischen Gott und Mensch. Was in der Menschenweihehandlung urbildhaft geschieht, kann zur Quelle dafür werden, daß auch im alltäglichen Leben die Verwandlung der Erde, die Verwandlung des Menschen und die Verwandlung der menschlichen Gemeinschaft immer mehr geschehen kann.

An dieser Aufgabe der dreifachen Leibbildung für Christus wird die Menschheit zu ihrem Ursprung, zum Bilde Gottes heranwachsen. Alles Irdische wird worthaft und wird die Wahrheit erfüllen: Himmel und Erde werden vergehen, aber was darin zu uns gesprochen hat, sein Wort, wird nicht vergehen. Alles Menschliche wird ichhaft im Sinne des Paulus: Nicht ich, sondern der Christus in mir. Und alle Gemeinschaft wird zum Liebesmahl, das den Segen verbreitet: Der Friede sei mit euch.

Der sichere Tod als das Unsichere im Leben

Der Volksmund sagt: „Der Tod macht alle gleich." Der Volksmund sagt aber auch: „Jeder Mensch stirbt seinen eigenen Tod." So entgegengesetzt diese beiden Aussagen sind, so entgegengesetzt sind die Erlebnisse und Einstellungen der Menschen gegenüber dem Tod. Viele Menschen weichen dem Gedanken an den Tod aus, auch wenn sie schon in hohem Alter sind. In den meisten Altersheimen und Kliniken werden die Toten nachts abgeholt, damit die anderen Bewohner nicht an ihren eigenen Tod gemahnt und beunruhigt werden. Andererseits hat es wohl nie so viele Menschen gegeben, die ihr Leben aus den verschiedensten Gründen selber beenden wollen. In der zivilisierten Menschheit ist das Verhältnis zum Tod tief gestört. Nur selten stirbt heute ein Mensch zu Hause, nur selten kann er sich bewußt von seinen Schicksalsverbundenen verabschieden. Früher war das Sterben eines Menschen ein heilig-ernstes Fest. Auf dem Wege des Verlassens des Leibes wurde die Seele begleitet, ebenso auf dem Wege nach dem Tod. Das Ägyptische, das Tibetanische Totenbuch zeugen von dieser Begleitung. Der Ahnenkult spielt heute noch im Buddhismus, im Shintoismus, in den indianischen Religionen eine große Rolle.

Im Christentum wurde der Tod durch das Sterbesakrament geweiht und für den Verstorbenen wurden Totenmessen gelesen. Es mischte sich aber im Laufe der Jahrhunderte immer mehr die Furcht vor den Strafen und Vergeltungsmaßnahmen, die von der Seele nach dem Tod durchgemacht werden müssen, hinein. Nur wer sich in den Schutz und Schoß der Kirche begab, konnte gerettet werden. Dann schlug in der abendländischen Menschheit das Pendel nach der anderen Seite aus. Die Menschen begannen, sich aus der Abhängigkeit von der Kirche zu befreien. Sie nannten sich Freigeister, und wenn sie ihre Freiheit existentiell bedroht sahen, wählten sie den Freitod. Durch religiöse Vorstellungen wurde oftmals nicht Friede, sondern Todesangst und durch areligiöse Vorstellungen wurde Lebensangst erzeugt. Beides führte zu den genannten Unsicherheiten gegenüber dem Tod. Sie ragen aus einer Vergangenheit, in der sowohl die Kirche wie die Wissenschaft vom Materialismus bestimmt waren, mächtig in unsere Zeit hinein. Auch stellte die Kirche den Menschen damals geistige Erlebnisse sehr materialistisch vor. Das Fegefeuer war wirklich ein Feuer und die Kommunion war wirklich ein Essen von Fleisch und Blut in der Scheingestalt von Brot und Wein. Die materielle Wissenschaft ist durch Kirchenmänner zuerst erforscht und mitgeteilt worden. Und das Leben vieler Kirchenfürsten stand in bezug auf materiellen Wohlstand und Herrschertum nicht hinter dem weltlicher Fürsten zurück. Der Materialismus in Religion und Wissenschaft macht sich auch heute noch stark geltend. Aber aus der Zukunft wirken schon neue Kräfte und Lichter in die Gegenwart herein.

In unserem Jahrhundert steht ja die Menschheit als Ganzes an der Todesschwelle. Auf dem Untergrund der Seelen lebt das Bewußtsein, daß Vernichtungsenergie gesammelt vorhanden ist und die Erde mit ihren Bewohnern auf einen Schlag über die Todesschwelle zersprüht werden kann. Die Todesschwelle ist aber zugleich die Schwelle zur geistigen Welt. Und so leben wir heute in diesem doppelten Sinn an der Schwelle. Die Menschen machen Todeserfahrungen, die zugleich Erfahrungen aus der geistigen Welt sind.

Fast jeder kennt heute die übereinstimmenden Berichte der Menschen, die klinisch tot waren und wieder ins Leben zurück kamen. Ohne daß die Menschen vorher religiös erzogen und geprägt worden waren, kamen sie in der Welt außerhalb des Leibes ganz von sich aus zu religiösen Erfahrungen. Im Bereich der Wissenschaft geschieht es auch immer mehr, daß man mit geistig-seelischen Kräften rechnet und ihre Annahme nicht nur belächelt. Daß der Mensch sich nicht nur leiblich auf den Tod hin bewegt, sondern auch geistig, wird von immer mehr wissenschaftlich geschulten Menschen ernst genommen. Die Forschungen und Darstellungen von Elisabeth Kübler-Ross haben sich bis in den konkreten Umgang mit Sterbenden ausgewirkt. Und es erwacht auch immer mehr das Interesse für das, was der Geistesforscher Rudolf Steiner über den Weg zum Sterben und den Weg nach dem Tod exakt beschrieben hat. Er hat einerseits Forschungsergebnisse dargestellt und andererseits religiöse Mittel gestiftet, Mantren, Gebete, Totenkultus, durch die die Wege der Seele festlich begleitet werden können. Wie in alten Zeiten Totenkult und Ahnenkult, so gibt es für unsere Zeit Wissenschaft vom Geist und religiösen Kultus, die von jenseits der Schwelle unser Leben hier erleuchten und uns fähig machen, die Verstorbenen über das Erdenleben hinaus zu begleiten. Es beginnt also ganz allmählich ein neues Verhältnis zum Tod heranzuwachsen.

In jedem Menschen lebt eine natürliche Todesangst, die nicht aus religiösen oder wissenschaftlichen Vorstellungen gespeist wird, sondern die allen Lebewesen auf Erden als Selbsterhaltungstrieb mitgegeben ist. Bei Menschen, die sich das Leben nehmen, ist dieser Selbsterhaltungstrieb durch seelische Erkrankungen, Depressionen, Wahnvorstellungen gestört, oder sie müssen vor der Tat betäubt, niedergehalten werden. Diese kreatürliche Todesangst ist eine Schutzmaßnahme der Natur. Es ist ja der natürliche Mensch, der vom Sterben betroffen ist.

Je mehr der Mensch sich mit seiner natürlichen Leiblichkeit identifiziert, um so ausschließlicher wirkt in ihm die Todesangst. Die sichere Tatsache, daß er einmal sterben muß, verunsichert das ganze Leben. Der Leichtsinn, mit dem viele Menschen ihr Leben aufs Spiel setzen, bedeutet nicht, daß sie den Tod nicht fürchten. Im Gegenteil, sie erleben ihn als ihren größten Feind. Und sie wollen sich beweisen, daß sie stärker sind als der Tod. Natürlich sagt das keiner so, denn jeder weiß, daß er einmal sterben wird.

Aber man verschafft sich immer wieder das Gefühl, diesmal stärker als der Tod gewesen zu sein. Und mit diesem Gefühl verdrängt man die Angst, daß der Tod einen auf unerwartete Weise jeden Augenblick einholen kann. Es ist wie in dem Epos „Ritter Wahn" von Julius Mosen. Der Ritter Wahn will nicht sterben. Der Anblick eines Toten, dessen starker Leib reglos daliegt, entsetzt und ängstigt ihn. Aber er stürzt sich in Abenteuer und Gefahren, um den Tod zu besiegen. Der Tod fordert die Menschen zum Kampf heraus, aber sie fliehen vor ihm. Eine chinesische Legende erzählt das so: Als der Kaiser in einer frühen Morgenstunde durch seinen Rosengarten ging, kam sein Gärtner bleich und erregt zu ihm gelaufen und bat ihn um sein schnellstes Pferd. Denn eben sei ihm der Todesbote begegnet und habe ihm angekündigt, daß er ihn heute abend holen werde. Der Kaiser erfüllte des Gärtners Wunsch, und dieser ritt mit dem schnellsten Pferd auf ein anderes Schloß am entgegengesetzten Ende des Reiches. Als der Gärtner sich verabschiedet hatte, ging der Kaiser weiter durch den Rosengarten. Da begegnete er dem Todesboten, und der Kaiser fragte ihn, warum er seinen Gärtner so erschreckt habe. Der Todesbote antwortete ihm: Ich handle im Auftrag des höchsten Himmelsherrn. Nur über eines habe ich mich gewundert, als ich heute morgen Euren Gärtner hier traf. Der Herr des Himmels gab mir den Auftrag, Euren Gärtner heute abend im Schloß am anderen Ende Eures Reiches zu holen. Nun traf ich ihn hier.

Jeder Mensch weiß mit Sicherheit, daß er einmal sterben wird, aber es ist völlig ungewiß, zu welcher Stunde sein Tod eintritt. Wer nicht vor dem Tod fliehen oder ihn als Feind herausfordern will, der muß sich den Tod zum Freund machen.

In dem Märchen „Der Gevatter Tod" wird erzählt, wie der Tod für einen Menschen Pate wird. Er schenkt ihm als Taufgeschenk ein Kraut, mit dem er jeden Kranken heilen kann, wenn er den Tod an dessen Kopfende stehen sieht. Sieht er ihn aber am Fußende des Kranken, kann er mit Sicherheit sagen, daß dieser sterben wird. Solange er so mit dem Tod zusammenarbeitet, ist dieser sein Helfer und Freund. Erst, als der Patensohn, der Arzt geworden ist, den Tod betrügen will, wendet sich dieser gegen ihn. Er muß selber sterben, muß also selber das Schicksal durchmachen, das er bei dem Kranken verhindert hat, indem er den Tod hinterging.

Wenn der Tod am Kopfpol des Menschen ist, muß der Mensch nicht sterben, denn da gehört der Tod hin. Dort müssen ständig Zellen sterben, damit Bewußtsein entstehen, der Intellekt sich entwickeln, der Mensch das Gehirn zum Werkzeug seines Denkens machen kann. Mit Hilfe seiner Sinnes- und Denkfähigkeit kann der Mensch lernen, die Welt zu verstehen. Und Todesprozesse ermöglichen ihm das. Ähnlich ist es mit Sterbeerlebnissen im Seelischen. Gefühle können sterben, Pläne, die man sich zu verwirklichen vorgenommen hat, können sterben, auch Ideale können sterben. Mit solchen Sterbeerlebnissen in der Seele kann ebenso ein Erwachen verbunden sein. Zunächst erlebt der Mensch das Sterben eines Gefühls, eines Planes, eines Ideals als große Enttäuschung. Darin lebt aber die Chance, eine vorangegangene Täuschung aufzudecken, zu ent-täuschen. Zugleich erwacht man für die dahinter verborgene Wirklichkeit. So kann jeder seelische Sterbeprozeß eine Befreiung sein von etwas, das nicht mehr gegenwärtig, wirklichkeitsgemäß war. Wenn wir uns nicht dagegen wehren, sondern versuchen, uns in dieser Situation den Tod zum Freund zu machen, dann führt er uns in ein Erwachen für den Weg, der als unser Lebensweg vor uns liegt, den wir im Geist der Wahrheit, nicht der Täuschung gehen wollen.

Außerdem gibt es die konkreten Sterbeerlebnisse im Schicksal selber. Menschen, die zu uns gehören, sterben. Mit ihnen sterben uns unendlich viele vertraute Lebenstatsachen. Ob es ein Ehegefährte, ein Kind, ein Elternteil, ein guter Freund oder ein Arbeitsgefährte ist, der vor uns stirbt, wir können nicht mehr mit ihm sprechen. Wo er war, ist jetzt niemand. Sein Schutz, sein Rat, seine Liebe oder auch seine Kritik, sein Temperament, seine Lebensart sind uns genommen. Oft bleiben Schuldgefühle zurück, Gedanken an Versäumtes, unerfüllte Hoffnungen.

Je älter ein Mensch wird, um so öfter erlebt er den Hingang anderer Menschen, die zu seinem Schicksal gehören. Und die Einsamkeit wächst. In dieser Situation ist ein Erwachen nur möglich, wenn man die Blickrichtung ändert. Wer nur auf das hinschaut, was einmal war und nicht mehr ist, wird schon zu Lebzeiten ein Gefangener des Todes, und der Tod ist ihm der größte Feind. Er will die Leere, die der Tod des geliebten Menschen hinterlassen hat, nicht zulassen. Er stopft sich mit Erinnerungen zu oder er lenkt sich ab, um nicht hinschauen zu müssen. Wer sich aber der Leere stellt, dem wird der Tod zum Freund. Er darf etwas davon erleben, was Novalis in einer seiner „Hymnen an die Nacht" sagt:

> „Was uns gesenkt in tiefe Traurigkeit,
> Zieht uns mit süßer Sehnsucht nun von hinnen.
> Im Tode ward das ewige Leben kund,
> Du bist der Tod und machst uns erst gesund."

Denn wer die Leere, die Einsamkeit zuläßt, so lange, bis aus ihr ein Wort, ein Sprechen und ein Sprechender ihm begegnet, der erlebt tiefbeglückt, warum ihm der äußere Verlust des geliebten Menschen zugemutet wurde. Am Tod eines sterblichen Menschen kann der andere für das Unsterbliche in ihm erwachen. Und das ist auch zugleich immer ein Erwachen für den Unsterblichen in allen Menschen. Auch das hat Novalis erlebt, als seine Braut Sophie von Kühn sehr jung starb. Er beschreibt es im vierten seiner „Geistlichen Lieder":

>„Unter tausend frohen Stunden,
>So im Leben ich gefunden,
>Blieb nur eine mir getreu;
>Eine, wo in tausend Schmerzen
>Ich erfuhr in meinem Herzen,
>Wer für uns gestorben sei.
>
>Meine Welt war mir zerbrochen,
>Wie von einem Wurm gestochen
>Welkte Herz und Blüte mir;
>Meines Lebens ganze Habe,
>Jeder Wunsch lag mir im Grabe,
>Und zur Qual war ich noch hier.
>
>Da ich so im stillen krankte,
>Ewig weint' und wegverlangte,
>Und nur blieb vor Angst und Wahn:
>Ward mir plötzlich wie von oben
>Weg des Grabes Stein gehoben,
>Und mein Innres aufgetan.

Wen ich sah, und wen an seiner
Hand erblickte, frage keiner,
Ewig werd' ich dies nur sehn;
Und von allen Lebensstunden
Wird nur die wie meine Wunden
Ewig heiter, offen stehn."

In dieser Art konnte ein solches Erlebnis nur Novalis zuteil werden. Jedem widerfährt das, was ihm gemäß ist. Es ist immer ein Geschenk. Aber man muß Geschenke auch entgegennehmen können. Wir müssen überhaupt erst einmal bemerken, daß da einer ist, der uns etwas zukommen lassen will. Schon im ganz gewöhnlichen Alltagsleben ist das nicht selbstverständlich.

In einer Wohnküche waren einmal viele Menschen versammelt, die über einen Vortrag diskutierten, den sie kurz vorher gehört hatten. Das Gespräch ging eifrig hin und her. Jeder beteiligte sich und sagte seine Meinung. Ein Mädchen, das zum ersten Mal in dieser Gesellschaft war, hörte nur zu, sagte selber nichts. Sie bemerkte noch einen, der nichts sagte, einen älteren Mann, der in der Sofaecke saß, aufmerksam zuhörte, aber schwieg. Das Mädchen dachte: Wer mag das sein? Warum sagt er nichts? Da wandte sich einer der Diskutierenden an den, der noch nichts gesagt hatte: „Was meinst du dazu, Otto?" Nun begann der Gefragte zu sprechen, und alle anderen wurden still und hörten ihm schweigend zu. Das Mädchen erkannte, wieviel dieser Mann zu sagen und zu geben hatte, aber erst dann, wenn man ihn ansprach, ihn einbezog. Jetzt erfuhr sie nicht nur den Inhalt seiner Worte, sondern erlebte sein Wesen, das sich vorher hinter seinem Schweigen verborgen hatte.

Diese Erfahrung, die jemand auf dem äußeren Plan mit einem Unbekannten gemacht hat, die können wir auch auf dem geistigen Plan machen. Auf dem Platz in unserer Seele, der durch den Tod eines Menschen leer geworden ist, ist einer, der aufmerksam zuhört auf das, was da alles in uns gesprochen wird. Und was spricht nicht alles in einer von Schmerz aufgewühlten Seele? Wir bemerken ihn kaum oder gar nicht in unserem inneren Stimmengewirr. Wenn wir ihn erleben wollen, müssen wir ihn ansprechen und bereit sein, selber zu schweigen und auf ihn zu hören. Natürlich ist es ungewöhnlich, jemanden anzusprechen, dessen Anwesenheit man selber nicht bemerkt. Aber sobald wir es versuchen und dann wirklich auch innerlich schweigen, eröffnet sich uns ein neuer Raum, eine neue Sphäre.

Wir erleben ein Worthaftes, das noch nicht in Sprache geronnen ist, das auch noch nicht Gedanke geworden ist. Das Wesen der Musik ist schon da, bevor sie ertönt, und es könnte auch etwas ganz anderes ertönen als im Programmheft steht. „Änderungen vorbehalten". Wenn wir Christus ansprechen, tut sich uns die Sphäre alles Worthaften auf, und es ist noch unentschieden, welche Sprache und welchen Sinn es annimmt. Denn erst, wenn wir bereit sind, vor jedem Sinn und aller Sprache das Logoswesen, das Wortwesen zu bemerken und anzusprechen, nimmt es den Sinn und die Sprache an, in denen es sich in dieser Stunde dem Empfänglichen nahen will.

Was im Schicksal durch den Tod eines Menschen als Erwachen im Geiste bewirkt werden kann, das kann auch durch geistige Schulung erübt werden. Wer einen inneren Weg beschreitet, kommt in die gleiche Einsamkeit, die auch der Mensch durch den Tod eines Nahestehenden erfährt. Die todverwandte Einsamkeit ist der Anfang des Erwachens für die Gegenwart des sprechenden Gottes, bevor er spricht.

Wer in seine Lebenshaltung den Tod mit einbezieht, der bezieht Christus mit ein. Er hat ja in die Menschheit das Wort hineingegeben: „Ich bin die Auferstehung und das Leben. Wer an mich glaubt, der lebt, auch wenn er stirbt. Und wer lebt und glaubt an mich, wird nimmermehr sterben."

Was ist gemeint mit dem Wort glauben? An Christus glauben, das heißt seine ganze Existenz mit ihm verbinden. Wenn er in unserem Glauben lebt, dann denken wir anders. Ohne ihn denken wir z. B., daß ein Mensch entweder lebe oder daß er tot sei. Mit ihm denken wir: Ein Mensch lebt, auch wenn er stirbt, und wenn er wahrhaft, wenn er geistig lebt, wird er nicht sterben. Leben und Sterben sind keine Gegensätze, sondern durchdringen oder bedingen einander. Wer Christus in seine Gedanken aufnimmt, der versteht die Worte aus dem Kultus für die Kinder, die sagen, daß er das Lebende in den Tod und das Tote ins Lebende führt.

Wer Christus in sich fühlt, der fühlt dessen Freuden in allem Menschengemäßen und dessen Leiden in allem Menschenzerstörenden wie seine eigenen Freuden und Leiden. Wer den Willen Christi in sich belebt, der stellt ihm sein Tun zur Verfügung, indem er von Ihm Begonnenes fortführt und mit dem beginnt, was von Ihm fortgeführt werden kann. Vieles im Leben ist Ernte aus dem Schicksal Christi, und vieles ist Keim, den wir ihm für die Zukunft anvertrauen. Wer Christus in sein Denken, in seine Gefühle und sein Handeln einbezieht, der glaubt an ihn. Er wird im Sterben die Erfahrung machen, daß es der Leib ist, der vom Tod betroffen wird, und daß alles, was in seinen Gedanken, Worten, Taten gelebt hat im Glauben an Christus, im Todesaugenblick erfüllt und erhoben wird von dem Glauben des Christus an den Menschen.

Rudolf Steiner beschreibt den Todesaugenblick als das herrlichste und größte Erlebnis für das nachtodliche Leben, das dem Menschen Licht und Vertrauen für seine weiteren Wege gibt. Der Mensch wird von Christus ins Rechte gedacht, wird von ihm geliebt, und er weckt in ihm den Willen, alle Folgen seines Erdenlebens als gerecht auf sich zu nehmen mit Dank dafür, daß er ausgleichen darf, was er verdorben hat, und daß Christus für ihn ausgleicht, was er selber nicht vermag.

Für alles, was als Kamaloka, Fegefeuer, Hölle, Unterwelt durchlitten werden muß, gibt der Glaube des Menschen an Christus und der Glaube des Christus an den Menschen eine bejahende Einstellung und Kraft, am Ende eine Befriedigung, weil Gerechtigkeit und Zusammenklang und höhere Ordnung wiederhergestellt werden durften. Für diese Ereignisse vor und nach dem Schwellenübergang wird der Mensch durch das Sakrament gestärkt.

Zu allen Zeiten wurde das Öl für bestimmte Weihevorgänge genommen. Ein Mensch wurde mit Öl zum König gesalbt. In der Priesterweihe erhält der Mensch eine dreifache Salbung auf die Stirn, die Hände und den Scheitel. In der Nähe des Todes werden ihm mit Öl drei Kreuze auf die Stirn gegeben, über dem rechten und linken Auge und in der Mitte über der Nasenwurzel. In allen drei Situationen geht es darum, daß der Mensch über seinen Leib hinauswächst.

Ein König stand in alten Zeiten unter der Führung seines Gottes. Wenn er eigenmächtig handelte, wich der Geist Gottes von ihm und wandte sich einem anderen zu, der durch die Salbung für die Weisung Gottes geöffnet wurde. So wird im Alten Testament beschrieben, wie der Geist Gottes sich von Saul abwandte, weil dieser sich zuvor von ihm abgewandt hatte. Statt dessen wurde Saul von einem bösen Geist ergriffen, und Gott ließ den Hirtenknaben David zum König salben.

Ein Priester stellt sein Sprechen, sein Tun und seine ganze Existenz in den Dienst des Gottes am Menschen und an der Erde. Das heilige Öl öffnet seinen Wortesstrom für das göttliche Sprechen, den Wirkensstrom seiner Hände für die göttliche Segenskraft und seinen Lebensstrom für den göttlichen Frieden, den er verbreiten soll, wohin er auch geht. Der Lebensorganismus des Menschen, der die Priesterweihe empfängt, wird durch die Berührung mit dem Öl für die göttlichen Lebensströme geöffnet.

Die drei Kreuze, die der Sterbende mit dem Öl auf die Stirn bekommt, verändern das Verhältnis seines Geistes zum Leib. Es sind drei Kreuze auf seiner Schädelstätte, auf seinem Golgatha (Golgatha heißt auf deutsch Schädelstätte). Sie bewirken, daß der Mensch sich noch einmal ganz zusammenzieht in seinen sterblichen Leib und dann mit der todüberwindenden Kraft des Christus die Tore aus dem Leib ins Geistige sich öffnen und der Mensch hindurchgeht als einer, der in Christus hineinstirbt und im Sterben erfährt, was Leben in Christus ist.

Das Öl, das als vermittelnde Substanz für die Erschließung der Tore zwischen Leibeswelt und Geisteswelt dient, entstammt dem Teil der Pflanze, der den Reifeprozeß des ganzen Jahres offenbart. So entspricht das Öl dem Zustand des Menschen, der an der Schwelle des Todes, an der Schwelle zur geistigen Welt den Reifeprozeß eines ganzen Lebens, ob lang oder kurz, offenbart. Das in der Pflanzenwelt durch Wärme und Licht herangereifte Öl erschließt der Menschenseele, die durch Liebe und Erkennen herangereift ist, das Tor in die Welt der reinen Liebe und des reinen Lichtes. Eine Sterbende kam noch einige Male aus der Welt jenseits der Schwelle in die diesseitige zurück. Jedesmal strahlte sie und sagte, es sei unbeschreiblich, wie in der anderen Welt das Licht und die Liebe sei. Dergleichen gäbe es hier nicht einmal vergleichsweise.

Im Öl lebt, was Licht und Wärme in der Pflanze hervorbringen. In der Seele des sterbenden Menschen lebt, was Erkennen und Lieben aus seinem Leben gereift haben. Das Öl öffnet den Organismus des Sterbenden, daß er eintrete in die Welt, wo Licht und Liebe urständen. Wo die Tore noch offen sind, noch kein Reifeprozeß begonnen hat, braucht der Mensch nicht das Sakrament der Ölung. Ein Kind ist immer ein Wanderer zwischen beiden Welten. Die Erdenreife hat noch nicht eingesetzt. Es braucht keine Hilfe, das Tor zu öffnen, denn es ist noch offen und die Seele bleibt einfach drüben, wenn es stirbt, als habe es dort noch etwas zu tun, bevor es sich für ganz in den Reifeprozeß auf Erden begibt. Der beginnt an der Schwelle von der Kindheit zur Jugend. Von da an lernt der Mensch, mit dem Tod zu leben und darf sich dabei von der Fürbitte Christi getragen fühlen. Darum hört er in der Konfirmation das Gebet des Christus für die Menschen, das er vor seinem eigenen Tod zum Vater gebetet hat. Und in Anknüpfung an den Beginn seines Reifeprozesses wird im Sterbesakrament wieder diese Fürbitte Christi gebetet, die ihm durchs ganze Leben die Gewißheit geben konnte: In Christo morimur – in Christus sterben wir, wie es der alte Rosenkreuzerspruch sagt.

Die drei Kreuze, die der Priester mit Öl auf die Stirn des Sterbenden zeichnet, werden von drei Gebetssprüchen begleitet. Durch den ersten erlebt sich die Seele emporgehoben. Durch den zweiten erlebt die Seele Christussegen in ihre Tiefen einziehen. Durch den dritten wird die Seele weit, fühlt sich ausgebreitet zwischen ferner Vergangenheit und ferner Zukunft. Es entsteht ein Kreuz, aber nicht aus totem Holz, sondern aus lebendigen Seelenbewegungen. Wie sich der Schmetterling der festen Puppenhülle entringt, so entringt sich die Seele dem festen Leib. Oft ist ein Kampf damit verbunden. Aber im Zeichen des Kreuzes öffnen sich die Tore, und der Mensch verläßt die Welt, in der von Anfang an der Tod herrscht, und tritt ein in das todlose Leben.

Wie der Tod uns von Jugend an als irdische Tatsache begleitet, so kann uns als geistige Tatsache das todlose Leben von Jugend an begleiten. Am Morgen erwachen wir, indem wir in den Leib einziehen und durch ihn wieder in die Welt des Todes. Für das todlose Leben erwachen wir, wenn wir das Sterben üben, wenn wir liebgewordene Hüllen, aus Gedanken, Gefühlen, Gewohnheiten gewoben, verlassen und uns ins Ungewohnte, Ungewisse, Unbekannte begeben.

Jede Reise, jeder Umzug, jeder Wechsel von Arbeitsplatz und Menschengemeinschaft, sogar jedes Gespräch fordert uns auf, die bisherigen festen Hüllen etwas zu verlassen. Und wenn wir wieder in sie zurückkommen, fühlt sich das Leben in ihnen auch anders und neu an. So machen wir schon im Erdenleben die Erfahrung, daß jede Art von Hülle sich auflösen oder von uns verlassen werden kann und muß. Nur was uns mit todlosem Leben verbindet, nimmt uns überall auf. Es läßt sich nicht erklären, was das ist. Wir nennen es Christus. Wer an ihn glaubt, kann mit dem Unsicheren leben. Er erwacht am sicheren Tod für das todlose Leben.

Das Leben als Beruf – der Beruf als Leben

Es gibt Menschen, die ihren Beruf so lieben, daß sie ihm ihr ganzes Leben weihen. Meistens sind es die künstlerischen Berufe, wie Maler, Musiker, Schauspieler, wie auch alle Handwerkskünste oder solche, wo etwas zur Kunst erhoben wird, z. B. die Erziehungskunst, die ärztliche Kunst oder die Gartenkunst. Viele Menschen üben einen Beruf aus, den sie als solchen nicht lieben. Sie verdienen durch ihn ihr Geld. Manchmal können sie sich auch sagen, daß ihre Arbeit dringend gebraucht wird und daß es Menschen geben muß, die diese unangenehme oder schwere, ermüdende, krankmachende Arbeit für andere tun.

Eine dritte Art von Beruf ist all die Arbeit, die nicht bezahlt wird, aber das Leben vieler Menschen ausfüllt und bestimmt. Dazu gehört an erster Stelle die der Hausfrau und Mutter. Für sie ist das ganze Leben ihr Beruf. Sie unterscheidet nicht zwischen Freizeit und Arbeit. Ihr Beruf ist das Leben selbst.

Es gibt auch so etwas wie Freizeitberufe, die für viele Menschen wichtiger sind als ihr Hauptberuf. Die Arbeit im eigenen Garten, in der eigenen Werkstatt, im eigenen Haus gehört ebenso dazu wie die Aufgabe, die sich jemand stellte, in seiner Freizeit den Heranwachsenden Qualitätssinn zu vermitteln. Den Kindern machte er Spielzeug, erfand Gemeinschaftsspiele, zeigte ihnen an freien Tagen die Natur, beteiligte sich am Gestalten der Feste, veranstaltete Wettspiele. Jugendliche regte er zu Gesprächen, Theater- und Konzertbesuchen an, Politik, Sport, alles, was in der Welt, in der eigenen Stadt geschieht, kann interessant werden, wenn es sich jemand zum Beruf macht, Interesse zu wecken und jungen Menschen das Leben aufzuschließen. Man begegnet auch sonst manchmal Menschen, die ihr ganzes Leben zum Beruf erheben. Ob sie einem Nachbarn das Auto reparieren oder einen Schwerkranken besuchen, ob sie zu einer Beerdigung gehen oder in der Bahn ein zufälliges Gespräch mit einem Fremden führen, ob sie selber ein Unglück durchmachen müssen oder einen schwierigen Brief zu schreiben haben, ob sie belogen oder um Hilfe gebeten werden, sie rechnen alle Lebensvorgänge, alle Begebenheiten und Herausforderungen zu ihrem Beruf. Der gelernte Beruf ist nur ein kleiner Teil davon.

Wodurch wird denn etwas im Leben zum Beruf? Das Wort sagt nur, daß es etwas mit Ruf, mit rufen zu tun hat. Etwas oder jemand ruft uns, das zu tun, was wir die Arbeit des Berufs nennen. Die höchste Steigerung des Berufs ist die Berufung. Im Irdischen wird die Berufung zu einem Amt als Ehre erlebt. Andere müssen die Berufung aussprechen. Man kann sich nicht selber zum Direktor einer Schule oder Hochschule berufen, auch nicht zum Bürgermeister oder Chefarzt. Die Berufung kommt entweder von höherer Stelle, als man selbst steht, oder aus einer

Gemeinschaft. Mancher fühlt sich wohl zu Höherem berufen, aber es nutzt ihm nichts, wenn die Berufung nicht von anderen an ihn herangetragen wird. Es gibt aber auch eine Art von Berufung, die nichts mit Amt und Würden zu tun hat, die an jeden Menschen ergeht. Doch nicht jeder vermag sie zu vernehmen. Den geistigen Ort, von dem diese Berufung an den Menschen ergeht, kann man bildhaft darstellen als den Mittelpunkt eines Kreises, der zugleich der Kreuzungspunkt eines Kreuzes ist. Jeder Mensch hat einen solchen Mittelort, von dem der Ruf an ihn ergeht für das, was er zu seinem Beruf machen will.

In diesem Mitte-Ort strömen die Kräfte, die aus früherem Berufsschicksal herangereift sind, und von dieser Mitte gehen die Entwicklungen für zukünftiges Berufsleben aus. In diesen Mitte-Ort strömen die Kräfte ein, die uns aus der Menschengemeinschaft zugesprochen werden, denen wir unsere Berufsausübung verdanken, und es geht alles, was andere von unserem Beruf entgegennehmen, von ihm aus.

In den Vorträgen über „Das Karma des Berufes" schildert Rudolf Steiner diese beiden Strömungen aus Vergangenheit und Zukunft. Gerade die Arbeit, die der Mensch ohne große Begabung und Leistung tut und die sich sehr schnell von seiner Person löst, gerade solche Arbeit, die er am Beispiel eines Mannes deutlich macht, der Nägel herstellt und nicht verfolgen kann, wohin seine Nägel gehen und wer sie gebraucht, solche Arbeit ist der Keim für zukünftige Leistungen eines Menschen im Beruf. Und die großen Leistungen, die die Menschheit weiterbringen, sind die Folgen früherer Mühen und kleiner Tätigkeiten. Er sagt: „höchste Leistungen sind ein Ende, die unbedeutendste Arbeit ist immer ein Anfang".

Das ist der eine Kreuzbalken, der vom Vorgeburtlichen bis ins Nachtodliche, von vergangenen Erdenleben in zukünftige reicht. Das Menschen-Ich selbst ist es, in dem diese beiden Schicksalsströme des Berufes sich begegnen. Der eine kommt aus der Tiefe der Vergangenheit, der andere aus der Höhe der Zukunft. Die Richtung des Berufungskreuzes, die horizontal durch unsere Mitte geht, stammt aus der Gemeinschaft von Menschen, die uns die Fähigkeit für einen bestimmten Beruf zuspricht oder die uns immer wieder aussendet als einen Vertreter ihrer Berufs- oder Lebensgemeinschaft. Das eine sind die Menschen, die uns gebildet und ausgebildet haben, die Lehrer und Meister, aber auch andere Menschen, die uns ins Leben eingeführt haben, uns vielleicht Vorbild waren oder uns neue Wege und Welten erschlossen haben. Es gibt außerdem Gemeinschaften, die im Namen und Sinne des Ganzen den einzelnen für seine Aufgabe und Arbeit delegieren. Es gibt Herstellungsbetriebe, wo nicht jeder in seine Tasche arbeitet, sondern für das Wohl des Betriebes.

Wer da mitarbeitet, fühlt sich in seiner Arbeit von allen getragen, fühlt sich dem Ganzen gegenüber mit seinem kleinen Arbeitsanteil verantwortlich und erlebt, daß er aus dem Vertrauen, das die anderen ihm für seine Arbeit entgegenbringen, und aus der Kraft des Ganzen schafft. In anthroposophisch orientieren Krankenhäusern wird so aus der Gemeinschaft gearbeitet, und es ist in dieser Hinsicht kein Unterschied zwischen Chefarzt, Stationsarzt, Schwester, Pfleger, Sekretärin. Sie alle fühlen sich aus dem Gesamten heraus auf ihren Platz gestellt. Waldorf-Schulkollegien haben das Ideal, so zu arbeiten. Für die Priesterschaft der Christengemeinschaft ist es nie anders gewesen. Von der anderen Seite kommt dem Menschen durch andere Menschen die Wirkung seiner Arbeit entgegen. Die Kunden, die Käufer, die Schüler und Klienten, die Patienten und Hilfsbedürftigen, die Fahrgäste, die Armen, die Religionübenden, jeder ist auf vielfältige Weise in das große Berufsgewebe der Menschheit verflochten. Manche Menschen bekommen viel Erwiderung auf ihr Tun, manche selten, manche nie. Aber von irgendwoher kann jedem ein Dank, ein Entgegennehmen seines Lebenseinsatzes zukommen. Wenn es nicht der Beruf ist, dann kann es in einer menschlichen Beziehung geschehen oder in der Zuwendung und Pflege von Tieren und Pflanzen, von der Natur. Der Mensch braucht eine Art von Bejahung und Aufnahme dessen, was er von sich weggibt als Beruf im Leben oder als Leben im Beruf.

So entsteht die zweite Strömung, die durch unsere innere Mitte geht, aus der Gemeinschaft, die uns den Beruf zuspricht, und von der anderen Seite aus der Gemeinschaft, die die Wirkungen unseres Berufes empfängt und darauf antwortet. Aus der Übereinstimmung dieser vier

Kreuzbereiche wird der Mensch, in der Mitte stehend, vom Ruf erreicht, der ihm heute Berufung wird. Da ist keine geistige Inspiration, keine Stimme, die ihn trifft: Du sollst Arzt werden oder Künstler oder Erzieher oder dergleichen. Es ist auch nicht die eigene Begabung oder die Lust zu einem Beruf, die er wie einen Ruf erlebt. Viele Menschen haben heute vielfältige Begabungen und auch Begeisterung und Freude, vieles zu lernen und zu tun. Andere haben zu nichts von sich aus Lust, fürchten den Verlust ihrer Freiheit durch den Beruf.

Aber aus Lust und Begabung ergeht keine Berufung, sondern aus der Mitte des geschilderten Schicksalskreuzes, das zugleich die Mitte des Menschen ist, in der er sich als vom ewigen Weltenkreis bejaht fühlt. Denn Mittelpunkt und Umkreis sind aufeinander bezogen, wenn die Berufung aus der Mitte des Kreuzes stammt, das sich bildet als „Karma des Berufes".

Diese Art von Berufung kann uns auch außerhalb des Berufes in vielen Lebenssituationen immer wieder aufs neue treffen. Aber nicht jede Stimme, die uns ruft, entspricht einer echten Berufung. Wir können auch sie an Kreuz und Kreis der wahren Berufung prüfen. Die eine Kreuz-Richtung, die aus der Vergangenheit in die Zukunft führt, ist jedesmal gegeben, wenn wir von etwas oder jemandem betroffen werden.

Was schicksalsmäßig nicht zu uns gehört, das erreicht uns auch nicht als Ruf. Aber die Stimme der Verführer erreicht uns, denn es gehört zu unserem Schicksal, geprüft zu werden, wenn wir noch im Erkennen der Berufung unsicher sind. Wir können an ihr sehr viel erproben und dadurch mehr Sicherheit erlangen. Dazu müssen wir prüfen, welcher Art die Strömung ist, die in unserer eigenen Mitte die karmische Strömung aus der Vergangenheit in die Zukunft kreuzt. Welche Wesensart ist es, die uns in ihren Dienst stellen will? Welche Wesensart ist es, die unseren Dienst entgegennehmen will?

Es gibt Gruppen, die empfangen einen Menschen mit großer Freude und offenen Armen als einen Gerufenen. Sie bewundern seine Fähigkeiten. Auch wenn er sie gar nicht hat, prophezeien sie ihm, daß und wie er sie entwickeln wird. Sie geben ihm das Gefühl, sehr wichtig zu sein. Sie versprechen ihm, in allen Schwierigkeiten zu helfen, daß er seine besonderen Aufgaben erfüllen kann. Es ist oft gar nicht einfach, zu unterscheiden, ob eine solche Aufnahme in eine Menschengruppe eine echte Bejahung, ein Zuspruch, eine positive Kraft ist, oder ob an die Eitelkeit, den Ehrgeiz des Menschen appelliert wird oder auch seinen bisherigen Entbehrungen durch ein „Seid lieb zu einander" ein Ende bereitet wird.

Man braucht sich selbst gegenüber große Ehrlichkeit, um sich nicht durch falsches Lob, Schmeicheleien oder eine zum Prinzip erhobene „Liebe" täuschen zu lassen. Jeder muß prüfen, ob die Gemeinschaft, der er sich anschließt, ihn für sich gewinnen will, um ihn zu besitzen und durch ihn ihre eigenen Ziele zu verfolgen, oder ob sie einer Aufgabe dient, an der niemand etwas gewinnen will, weder Geld noch Ruhm. Das sind die beiden Kriterien, an denen wir jede Gemeinschaft prüfen können, die uns in ihrem Namen berufen und aussenden will. Appelliert sie an Eitelkeit, Ehrgeiz, Entbehrungsgefühle und wirbt sie um den Menschen, um selber an ihm reicher zu werden?

Beides, Geld und Ruhm, machen den Menschen unfrei. Die wahre Berufung läßt dem Menschen die freie Entscheidung, zu folgen oder nicht. Die Sprache der echten Berufung ist sehr nüchtern, ehrlich und oft auch schmerzlich, wenn sie uns Illusionen über uns selbst nimmt oder über das, wozu wir uns berufen fühlen. Die Sprache der echten Berufung entsteht aus der Sache, aus der Aufgabe, aus der Not-Wendigkeit, die den Menschen ruft.

Viele Situationen im Alltag können solchen Ruf bewirken. Manchmal fallen Ruf und Antwort in einem Augenblick zusammen. Eine Frau fuhr in der U-Bahn. Ihr gegenüber saß ein junger Mann. Er hatte den Kopf gesenkt und schien innerlich sehr beschäftigt zu sein. Die Frau nahm ihn wahr und bewegte im stillen die Frage: Was mag in ihm vorgehen? Kurz vor dem Aussteigen hob der junge Mann den Kopf, ihre Blicke trafen sich. Sie schauten einander an, bis das Gesicht des Mannes aufleuchtete. Er erhob sich, gab schweigend der Frau zum Abschied die Hand und stieg aus. An beide war ein Ruf ergangen, dem jeder auf seine Weise folgte. Kein Wort war dabei gefallen.

Mancher Ruf, der einen Menschen unerwartet erreicht, hat Folgen für ein ganzes Leben. So war es, als die Mutter von vier Kindern für viele Monate wegen Krankheit von zu Hause fort mußte. Der Hilferuf des Vaters erreichte eine Frau, die gerade Vorbereitungen für eine große Reise getroffen hatte. Sie änderte ihre Pläne, folgte dem Ruf. Daraus erwuchs eine tiefe Beziehung zu einem der Kinder, das sie mit Rat und Anteilnahme durchs ganze Leben begleitete. Sie fühlte sich dazu berufen, und ohne sie hätte dieser heranwachsende Mensch viele schwierige Situationen nicht gemeistert.

Für all die vielen kleinen Berufungen, die täglich möglich sind und die jeden erreichen können, gilt das gleiche wie für die großen Berufungen, die nicht jeder Mensch erfährt. Wir dürfen manchmal etwas tun, wozu unsere schon erworbenen Fähigkeiten eingesetzt werden. Sehr oft werden wir zu einem Einsatz, einer Hilfe, einer Mitarbeit gerufen, wo wir uns unfähig oder unpassend und fehl am Platz fühlen. Aber es fehlt einer, und so stellen wir uns zur Verfügung, so gut es geht.

Und zu unserer eigenen Überraschung wird unser Tun, unser Bemühen von denen, die es brauchten, angenommen, auch wenn es unvollkommen und unscheinbar ist. Wir stehen in der Mitte des karmischen Kreuzes , wo Vergangenheit in Zukunft übergeht und die schickenden Mächte mit den Hilfesuchenden den zweiten geistigen Kreuzbalken bilden. Aus der Mitte des Kreuzes kommt die Berufung, und zugleich kommt sie wie eine große Bestätigung aus dem Schicksalsumkreis, dem Kreis der göttlichen Weltenordnung. Ein anderer, der nicht betroffen ist, kann oft nicht verstehen, warum jemand sich gerufen fühlt, wo dieser sich selber zurückhält, oder warum ein Mensch sich zurückhält, wo doch die Situation oder die Sache, wie er meint, jeden ruft. Und doch können nicht alle von den gleichen Ereignissen des Lebens persönlich getroffen, gemeint, gerufen sein. Es gibt Menschen, die legen jedem Bettler Geld in die Schale. Andere geben keinem etwas. Und es kommt vor, daß ein Mensch ein einziges Mal angerührt wird von einem musizierenden Bettler. Er lauscht seiner Flöte, beginnt ein Gespräch und damit ein Schicksal mit diesem einen unter den vielen.

Ein Mann ging an allen Bettlern vorüber, weil er fühlte, daß die paar Münzen nichts bewirken. Aber jedesmal war ihm nicht wohl dabei. Er fühlte sich unfähig, wirksam zu helfen, und konnte sich doch der Betroffenheit nicht entziehen. So begann er Gespräche mit den Bettelnden. Viele von ihnen waren Strafentlassene. Er hörte von einer Organisation, die sich um Straffällige kümmert, im Gefängnis und danach. Er schloß sich dieser Organisation an und setzte all seine freie Zeit für diese Menschen ein. So stellte er sich mitten in ein karmisches Kreuz und erfüllte die Berufung, die er erst annehmen lernen mußte. Ähnlich ging es einer Frau mit Sterbenden. Bis zu ihrer Pensionierung hatte sie als Abteilungsleiterin in einem Textilhaus gearbeitet. Die Erlebnisse mit einer Sterbenden und die Bücher von Elisabeth Kübler-Ross wurden ihr zur Berufung; sie gründete in ihrer Stadt eine Vereinigung von Menschen, die es sich zur Aufgabe machten, einsamen Sterbenden, ob zu Hause oder in Kliniken, zur Seite zu sein, sie auf ihrem letzten Weg selbstlos liebevoll zu begleiten.

Aus einem kleinen Anlaß kann der Ruf ergehen. Jeder muß ihn für sich selbst prüfen und entscheiden, ob er gemeint ist und wie er gemeint ist.

Jemand, der an einer Priesterweihe in der Christengemeinschaft teilnahm, sagte hinterher: Eigentlich betreffen die Worte, die da zu den werdenden Priestern gesprochen werden, jeden Menschen. Das ist so, denn in jedem Menschen lebt Priesterliches, und der Priester bringt im Kultus das Wesen des Menschen ins Bild. In dem, was der Priester am Altar spricht und tut, kann sich jeder Mensch wiederfinden. Wenn er drei Stufen zum Altar hinaufgeht, kann innerlich jeder, der teilnimmt, sich drei Stufen über den Alltag erheben. Wenn er sagt „Mein Herz", sagt es der Mensch, der in allen Mitbetenden spricht. Jede Gebärde, jedes Wort des Priesters bringt eine innere Gebärde, ein inneres Sprechen des Menschen in die äußere Welt.

Der Priester steht für den Menschen, und der Mensch,

der durch die Menschen-Weihehandlung geht, erweckt in sich den Priester. Der Priesterberuf ist der Urberuf, denn alle Berufe können priesterlich sein wie auch der Priesterberuf latent alle Berufe in sich birgt. Er hat etwas vom Arzt, vom Lehrer, vom Hirten, vom Fischer, vom Brotbereiter, vom Gärtner und Bauern. Er hat etwas vom Seefahrer und Bergsteiger, auch vom Bergmann, der in der Tiefe nach Schätzen sucht, vom Brunnengräber und Straßenbauer, vom Architekten und vom Forscher.

Diese vielen Berufsqualitäten, die der Priester gleichnishaft darlebt, können wir auch gleichnishaft in jedem Menschen entdecken. Soviel er sie verwirklicht, so viel wirkt Priesterliches durch ihn. Luther hat Wirkliches erlebt, wenn er vom allgemeinen Priestertum jedes Menschen sprach. Rudolf Steiner deutet in dieselbe Richtung, wenn er von einer Zeit spricht, in der die Begegnung von Menschen Kommunionscharakter haben wird, in der die Erziehung eine fortgesetzte Taufe sein wird und wo der Laboratoriumstisch zum Altar wird. Die Priesterweihe ist das Urbild für die Weihe aller Berufe, die in der oben beschriebenen Art zum Leben werden oder wo das Leben zum Beruf wird. Sie ist eingefügt zwischen die Teile der Menschenweihehandlung. Auch das zeigt uns, wie das Menschwerden und Priesterwerden einander durchdringen.

In dem Teil der Priesterweihe zwischen Opferung und Wandlung der Weihehandlung wird das besonders deutlich. Da wird viermal auf eine Frage mit „Ja, so sei es" geantwortet. Das „Ja so sei es" dessen, der als ein Werdender geweiht wird, kommt zugleich aus der Vergangenheit seines Werdens und geht in die Zukunft. Das „Ja so sei es" des Ministranten kommt aus der Gemeinschaft der Empfangenden der Gemeinde, das „Ja so sei es" der Priester ertönt aus der Gemeinschaft der Aussendenden. Das „Ja so sei es" des Weihenden ist der alles umfassende Weltenkreis zu diesem Kreuz in der Mitte. So bildet sich in der Mitte der Priesterweihe das Kreuz mit dem Kreis sowohl als zeichenhafte Gebärde, die der werdende Priester zum ersten Mal vollzieht, wie auch in der geistigen Schrift, die von dem vierfachen „Ja so sei es" besiegelt wird.

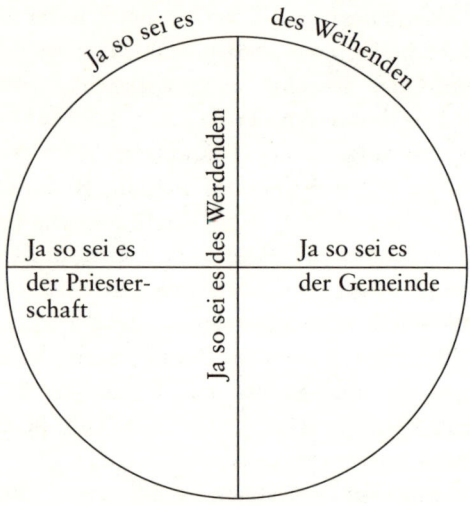

In dem Teil der Priesterweihe, der zwischen der Wandlung und der Kommunion der Menschenweihehandlung sich ereignet, wird dem Priesterwerdenden eine Aufforderung für seinen Beruf zuteil. Diese Aufforderung gilt für jeden Menschen, der sein Leben zum Beruf oder den Beruf zu seinem Leben macht. Sie beinhaltet, daß es der Christus selber ist, der uns aussendet; daß er es ist, der überall mit uns geht. Das sollen wir fühlen, und aus diesem Verbundensein mit ihm sollen wir unseren Beruf im weitesten Sinne vollbringen. Der Priester kann seinen Beruf nur ausüben, wenn er es als Diener des Christus tut. Alles, was wir im Leben als Beruf vollbringen, wird priesterlich, wenn wir es im Dienste des Christus tun.

Ein drittes Mal kann nun das Kreuz mit dem Kreis zum Zeichen werden für das Schicksal, das Karma des Berufes. Seitdem Christus sich mit dem Schicksal des Menschseins verbunden hat, können auch wir uns mit ihm verbinden für unseren Beruf. Er ist es, der alle Schicksale überschaut, der sie im Sinne der karmischen Gerechtigkeit oder aus schenkender Güte lenkt. Er ist es, der alles, was Menschen erleben, zu seinem eigenen Schicksal macht, so daß er sein damals gesprochenes Wort erfüllt: „Was ihr einem meiner geringsten Brüder getan habt, das habt ihr mir getan."

So ist er auch im Schicksal unseres Berufes immer gegenwärtig. Aber er läßt uns frei, ihn einzubeziehen oder nicht. Priesterlich wirken kann der Mensch nur aus Freiheit und zugleich in der Verbundenheit und im Dienst des Christus. Wer das verwirklichen will, der übt seine aus der Vergangenheit gereiften Fähigkeiten nicht so aus, daß er damit Macht auf andere ausübt oder sein Selbstbewußtsein daran steigert, hochmütig, herablassend, selbstgefällig oder arrogant wird, sondern daß er fühlt, wie er es dem Schicksalslenker verdankt, daß ihm Fähigkeiten zuwachsen konnten, die er nun für die weitere Entwicklung der Menschen und der Welt einsetzen kann.

Jeden Tag geht von dem Christusdiener ein Strom von Dank für das, was er tun darf, in die Vergangenheit, aus der ihm diese Begabungen gebildet wurden. Aus der Zukunft sehen wir die Anforderungen auf uns zukommen, denen wir uns nicht gewachsen fühlen, vor denen wir uns schwach, unfähig, klein erleben. Doch wir vertrauen, daß gerade in den Situationen der Schwäche und Machtlosigkeit das Unmögliche durch den möglich wird, dem wir in jedem Beruf priesterlich dienen wollen. So wird der Kreuzbalken aus der Vergangenheit in die Zukunft in der Einbeziehung des Christus gebildet aus Dank gegenüber der Vergangenheit und Vertrauen gegenüber der Zukunft.

Der andere Kreuzbalken von der Gemeinschaft der Aussendenden zu der Gemeinschaft der Empfangenden erfährt auch eine Verwandlung, wenn er in die Gegenwart Christi gestellt wird. Er ist es, der aus seiner menschlichen Überschau jeden einzelnen dorthin sendet, wo er im Sinne des Ganzen wirken kann. Daß es eine Gemeinschaft von Ihm Dienenden ist, die einen einzelnen aus ihrer Mitte sendet, erkennt man daran, daß ihre Gesinnung und ihr Wirkensfeld menschlich ist und nicht sektiererisch oder auf vorgefaßte Meinungen gegründet.

Die aussendende Gemeinschaft kann nicht immer die Berufsgemeinschaft am gleichen Ort sein. Manchmal ist es auch „die Gemeinschaft, deren Glieder den Christus in sich fühlen" (aus dem Bekenntnis der Christengemeinschaft), die über die ganze Erde verstreut leben und doch „sich vereinigt fühlen in einer Kirche, der alle angehören, die die heilbringende Macht des Christus empfinden" (ebenda). Wenn das Wort Christengemeinschaft nicht konfessionell, sondern seinem Wortsinn nach verstanden wird, kann man sagen, daß eine berechtigt aussendende Gemeinschaft immer eine Christengemeinschaft ist.

Für wen wir unsere Arbeitskraft hingeben, das gilt es auch zu unterscheiden, wenn wir es im Dienste des Christus tun wollen. Wenn wir im anderen Menschen Ihn annehmen wollen, können wir, extrem ausgedrückt, nicht Drogenhändler sein, auch nicht ein Geschäft mit solchen Videofilmen machen, die gegen die Menschenwürde verstoßen. Weniger extreme Beispiele muß jeder selber prüfen, indem er sich fragt: Wem diene ich damit? Dem Erbauer oder dem Vernichter des Menschentums? In der Mitte dieser beiden Kreuzbalken ist der Mensch, der seinen Beruf in der Gegenwart Christi erfüllen, sein Diener sein will.

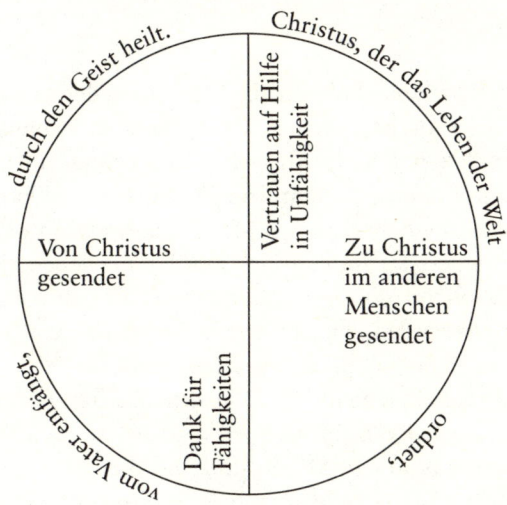

Zugleich ist es auch wieder die Mitte des Weltenumkreises, von dem in der Menschenweihehandlung gesagt wird, daß er das Leben der Welt ordnet, daß er es vom Vater empfängt, daß er es heilt durch das Wirken des Heiligen Geistes. Der Umkreis des priesterlichen Menschen, ganz gleich, welchen Beruf er ausübt, ist die göttliche Trinität, die Ordnung und das Leben der Welt. Wenn Kreuz mit Umkreis für uns zum Zeichen werden für das Schicksal des Berufes, für das Priesterliche in jedem Beruf und für die Gegenwart Christi, die uns im Beruf zu seinen Dienern macht, dann wird uns der Beruf zum Leben oder das Leben zum Beruf.

Das Geheimnis der Ehe

Jeder Mensch macht heute die Erfahrung, daß er inmitten einer Gemeinschaft einsam ist. In dem Mietshaus einer Großstadt leben viele Menschen dicht zusammen, aber man kennt einander nicht. In einem Betrieb arbeiten täglich viele in einem Raum, aber keiner weiß um die Nöte oder Freuden des anderen. In einer Familie leben mehrere Generationen zusammen, aber jeder fühlt sich vom anderen unverstanden. Einsamkeit ist nicht nur ein äußerer Zustand, in dem man ohne andere Menschen lebt.

Es gibt allein lebende alte Menschen, deren Familien in weit entfernten Orten wohnen und deren Freunde und Ehepartner schon gestorben sind, die aber ein reges inneres Leben führen. Sie pflegen Briefwechsel mit Menschen, denen ihre Gedanken etwas bedeuten, pflegen Fürbitte für andere, verstehen es, die kleinen Zeichen des Lebens ebenso zu bemerken wie die Wandlungen der Natur durch den Jahreslauf.

Solche Menschen vermögen ihr Alleinsein zu einer Gelegenheit der Begegnungen und Erfahrungen im Inneren werden zu lassen. Das ist nicht vom Alter abhängig. In jeder Lebensphase gibt es die Zeiten der Einsamkeit. Wohl dem, der sich ihr nicht entzieht, sondern sie als Gelegenheit ergreift, aus sich selbst zu leben, schöpferisch zu werden und Raum zu geben für unvorhersehbare innere Erfahrungen mit sich und mit allem, wovon man sich in der Stille ansprechen läßt. Wer gelernt hat, mit sich allein zu leben, kann auch mit anderen in einer Gemeinschaft leben. Wer sich selbst nicht aushält, kann nicht erwarten, daß andere ihn ertragen.

Wie die Gemeinschaft mit anderen Menschen die Einsamkeit des einzelnen nicht ausschließt, so schließt die äußere Einsamkeit die innere Begegnung und Gemeinschaft mit anderen nicht aus. Gerade diese Erfahrung können die Menschen heute intensiver machen als früher, weil sie individueller geworden und nicht mehr so eingebunden sind in gesellschaftliche Formen, in die Kirche, in das Sippen-, Stammes- und Familienleben.

In anderen Zeiten fühlten sich die Menschen so stark als Glied einer Gemeinschaft, daß alle individuellen Regungen dahinter zurücktraten. Ausnahmen gab es natürlich auch. Heute ist der Kontrast zwischen dem Individuellen und der Gemeinschaft groß und scheint oft unüberwindlich. Das ist der Grund, warum viele Menschen die Ehe für eine nicht mehr zeitgemäße Einrichtung halten.

Ehe ist die kleinste Form von Gemeinschaft und bewirkt die intensivste Nähe zueinander. Wenn diese Nähe dem inneren Erleben nicht mehr entspricht, wird diese kleinste Gemeinschaft zum Anlaß größten Alleinseins. Dann ist man lieber wirklich allein, möchte keine Scheingemeinschaft. Und so trennt man sich wieder, scheidet die Ehe. Man hat etwas anderes voneinander erwartet, und das ist nicht erfüllt worden. Jeder hat sich als einzelnen und den anderen als einzelnen im Sinn gehabt. Er versteht mich nicht, liebt mich nicht, er ist so anders als ich. Ich kann mich nicht entfalten, nicht verwirklichen. Der andere ist nicht mehr so, wie er war, als ich ihn kennenlernte. Er ist nicht mehr der Mensch, den ich geheiratet habe. Ich bin auch nicht mehr so, wie ich war. Wir haben uns auseinanderentwickelt. In ähnlicher Weise vergleicht sich jeder mit dem anderen, macht sich ein Bild von sich und dem anderen. Hier bin ich – dort bist du, aber da ist keine Gemeinschaft zwischen uns. Eine Ehe, die nur aus Ich und Du besteht, ist nicht lebensfähig. Sie besteht in Wahrheit aus Ich und Ich, und jedes Ich lebt für sich.

Erst wenn die beiden Menschen nicht mehr nur auf sich und den anderen als einzelne hinschauen, sich mit dem anderen vergleichen oder den anderen mit dem Bild vergleichen, das sie sich von ihm gemacht haben, erst wenn sie auf das achten, was zwischen ihnen entsteht, lebt und sich entwickelt, können sie den Gegensatz von Ich und Gemeinschaft aufheben. Die Gemeinschaft zwischen Menschen ist nicht nur eine Zusammenfügung von soundso vielen. Aus den Lebensströmen und aus den Seelenkräften der Beteiligten bildet sich ein unsichtbarer Organismus, und in dieser übersinnlichen Leiblichkeit lebt der Geist der Gemeinschaft. Jede Gemeinschaft hat ihren eigenen Geist. In der Schule sprechen wir vom Klassengeist, der sich deutlich vom Geist einer anderen Klasse unterscheidet. Jede Schule als Ganzes hat ihren Geist. Ebenso jeder Betrieb, jeder Laden, jedes Krankenhaus.

In der Apokalypse des Johannes wird vom Engel der Gemeinde gesprochen, und Johannes wird beauftragt, an sieben solche Engel verschiedener Gemeinden zu schreiben. So hat auch jede Ehe ihren Geist. Die Lebens- und

Seelengemeinschaft der beiden bildet den Leib ihres Ehegeistes. Es geht eben nicht nur um den einen Mann und die eine Frau, sondern um den Geist ihrer Gemeinschaft, der sich zwischen ihnen entwickelt. Wie das Wesen eines Menschen sich ungefähr in Siebenerrhythmen entwickelt, so entwickelt sich das Wesen der Ehegemeinschaft etwa in Rhythmen von fünf Jahren, wobei das natürlich genauso schwankt wie beim einzelnen Menschen. Dieses Lebensgesetz erwähnt Goethe in seinen „Wahlverwandtschaften", und auch Rudolf Steiner spricht davon.

Die Entwicklung des einzelnen Menschen kann ein Gleichnis sein für die Entwicklung des Ehewesens. Um das 7. Jahr hat der Mensch den vererbten Leib aufgebaut. Die Kräfte, die das vollbrachten, werden für anderes frei, das äußere Zeichen dafür ist der Zahnwechsel. Manche Kinder bekommen wegen großer Zahnlücken vorübergehend Sprechschwierigkeiten. So lebt die Ehegemeinschaft am Anfang aus den mitgebrachten Kräften. Zuneigung, Sympathie, Liebe sind einfach gegeben. Aus den Anziehungskräften, die aufeinander wirken, ist die Gemeinschaft aufgebaut worden.

Nun wirken diese mitgebrachten Kräfte nicht mehr. Es entsteht eine Art Zahnwechsel, der manchmal auch zu Verständigungsschwierigkeiten führt. Auch Kinderkrankheiten müssen in der Ehe durchgemacht werden. Die Gemeinschaft häutet sich, bekommt seelisch eine Art Scharlach oder Masern. Oder sie bekommt Keuchhusten, verbunden mit Würgen und Erstickungsanfällen. Niemand wird sich wegen einer Kinderkrankheit von seinem Kind trennen. Auch wenn das Kind davon sehr entstellt wird, so weiß man doch, daß das vorübergeht und daß es sich durch eine solche Krankheit weiterentwickelt. So muß man sich hüten, die Ehe wegen einer Kinderkrankheit gleich aufgeben zu wollen.

Man sollte sie pflegen, weil sie krank ist. Und man darf wissen, daß das dazugehört und die Ehe einen Entwicklungsschritt tut in solcher Krankheitszeit. Da sollte man ihr Ruhe gönnen, sie behutsam ernähren, vielleicht auch Klimaveränderung suchen. Jedenfalls braucht ein kranker eine andere Behandlung und mehr Aufmerksamkeit als ein Gesunder. So verlangt das kranke Ehewesen, daß man ihm Ruhe gönnt und gleichzeitig mehr für seine Pflege einsetzt.

Nach zwei mal fünf Jahren, etwas weniger oder mehr, kommt das Ehewesen, vergleichsweise gesprochen, in die Pubertät. Vernünftige, einsichtige Eltern bleiben ruhig, wenn ihre Tochter oder ihr Sohn in dieser Zeit sich backfischhaft oder flegelhaft benimmt. So sollten die Ehepartner versuchen, ruhig zu bleiben, wenn zwischen ihnen eine rauhe Sprache ausbricht oder Rücksichtslosigkeit, Geltungsbedürfnis und manche anderen Pubertätserscheinungen. Die beste Hilfe, durch solch eine Zeit zu kommen, ist, wie bei Jugendlichen, sich für die Welt zu interessieren, sich für ihre Nöte einzusetzen, sich gemeinsam Ziele zu setzen und sich Ideen zu erarbeiten, die über das nur Persönliche hinaus die Aufmerksamkeit in Anspruch nehmen. Bei manchen macht die Pubertät kaum Probleme, bei manchen fordert sie viel Geduld, Einfühlungsvermögen und Vertrauen, daß das alles vorübergeht und die eigentliche Persönlichkeit zum Vorschein kommt.

So unterschiedlich ist das auch mit den verschiedenen Ehewesen. Und gerade diejenigen, die in dieser Zeit besonders schwierig sind, gehen oft als solche daraus hervor, die für andere wichtig werden. Nach ungefähr dreimal fünf

Jahren kommt die Ehe in eine Art Mündigkeit, so wie es bei dem einzelnen Menschen mit dreimal sieben Jahren geschieht. Das Ehewesen will sich von der körperlichen Nähe und dem „Alles zusammen machen" der beiden unabhängig machen. Das heißt nicht, daß jetzt jeder seine Wege geht und sich für den anderen nicht mehr interessiert oder gar an die Stelle des Partners ein anderer Mensch tritt. Diese Gefahren drohen der Ehe in dieser Zeit besonders. Es droht eine „Persönlichkeitskrise" der Ehegemeinschaft, die tödlich ausgehen kann. Sie will aber positiv erlebt werden, so daß das gegenseitige Vertrauen in dieser Zeit gewachsen ist und jeder, auch wenn er seinen eigenen Weg verfolgt, es in dem Bewußtsein tut, die Ehe damit zu vertiefen, zu bereichern, in den Dienst einer übergeordneten Aufgabe zu stellen.

Die Kinder sind in einem Alter, wo sie die Kräfte der Mutter nicht mehr ausschließlich brauchen. So ist es oft möglich, daß die Frau wieder in ihrem alten Beruf arbeiten kann, oder auch mit ihrem Mann gemeinsam eine neue Aufgabe übernehmen kann. Mancher lernt noch eine Sprache oder tut etwas anderes für seine Bildung und innere Entwicklung. Den jugendlichen Kindern mit ihren Freunden im eigenen Hause die Welt zu öffnen, zu musizieren, zu diskutieren, Theater zu lesen oder zu spielen, Reisen vorzubereiten und Lebensprobleme durchzuarbeiten bringt dem Ehewesen reiche Möglichkeiten. Denn in der mündigen Ehe geht es nicht mehr nur um sie selbst, sondern darum, als kleine Gemeinschaft sich dem großen sozialen Zusammenhang helfend zur Verfügung zu stellen.

Zwei Menschen, die die Mündigkeit der Ehe anerkennen, ohne sie zu brechen, können es als ein großes Glück empfinden, wenn die Lebensgemeinschaft über sie beide hinauswächst und anderen segensreich wird. Ein Ideal für die Ehe der Zukunft könnte sein, den Widerspruch von Ich und Gemeinschaft aufzuheben und aus der Lebens- und Seelensubstanz zweier Ichmenschen dem Geist der Ehe einen Leib zu erbilden, in dem er weit über sich und die beiden hinauswirken kann.

Unter all den vielen Menschen, die uns im Leben begegnen, sind es nur wenige, ganz bestimmte, die uns persönlich anziehen. Der eine erlebt diese Anziehungskraft nur einmal im Leben, die meisten erleben sie einige Male im Leben, manche erleben sie oft. Auch die Art, wie diese Anziehung einem bestimmten Menschen gegenüber zum erstenmal erlebt wird, ist sehr verschieden.

Eine 17jährige sah im Traum einen jungen Norweger und war fest überzeugt, dieser müsse ihr Mann werden. Sie verließ die Schule und ging als Haustochter – heute würde man au pair-Mädchen sagen – für ein Jahr in eine Familie nach Norwegen. In diesem ganzen Jahr fand sie unter all den Männern, die ins Haus kamen, nicht den Geträumten. Sie meinte enttäuscht, daß man auf Träume nichts geben kann. Zum Abschied veranstaltete die Familie ein Fest für sie mit Musik und Tanz. Und da, in den letzten Tagen ihres Aufenthaltes in Norwegen, brachte einer der Gäste einen Freund mit. Das Mädchen erkannte in ihm sofort den jungen Mann aus ihrem Traum. Sie habe nicht mehr viel Zeit, die Sache zu klären, meinte sie. Darum fragte sie ihn beim Tanzen, ob er sie heiraten wolle und erzählte ihm ihre Geschichte. Der Mann war nicht wenig betroffen, erbat sich Bedenkzeit und sagte dann Ja. Es wurde eine lange glückliche Ehe daraus.

Ein anderes Mal sieht ein junger Mann auf der Kommode eines Ehepaars, das er als Pfarrer besucht, das Photo eines jungen Mädchens und weiß sofort: Die wird meine Frau. Es ist allerdings selten, daß die Anziehung einsetzt, bevor man den anderen leibhaftig gesehen hat. Bei diesen Beispielen wird nur besonders deutlich, daß man einander schon gekannt hat. Dieses Erlebnis: Wir kennen uns schon, haben manche Menschen sehr oft, und es ist überhaupt kein Zeichen dafür, daß man heiraten soll. Wenn zwei Menschen sich ineinander verlieben, ist das ein Signal des Schicksals und meint: Ihr habt noch etwas miteinander weiterzuführen. Ihr habt einmal etwas begonnen, vielleicht seid ihr auch schuldig aneinander geworden oder habt etwas auszugleichen, was noch einseitig war. Achtung! Lauft nicht aneinander vorbei!

Oft wundern sich die anderen Menschen, was denn den einen am anderen so anzieht. Manchmal wundern sich die beiden selber. Und die Gefahr ist groß, daß diese Anziehung aus früherem Schicksal als einziger Anlaß zu einer Eheschließung genommen wird. Dabei könnte durch diese Begegnung auch etwas ganz anderes entstehen, eine gemeinsame Berufsaufgabe, eine Reise, eine Interessengemeinschaft, z. B. gemeinsam musizieren. Es könnte auch sein, daß der eine vom anderen eine bestimmte Hilfe braucht. Vieles kann Menschen für kürzere oder längere Zeit zusammenbringen, ohne daß geheiratet werden muß.

Aber dann setzen sehr oft die gesellschaftlichen Erwartungen ein, auch heute noch. Es muß eben geheiratet werden, weil es von anderen erwartet wird oder auch, weil man sich so aneinander gewöhnt hat, daß man diese Gewohnheit nicht mehr aufgeben will. Aber Konvention und Gewohnheit stammen auch aus der Vergangenheit. Ganz zu schweigen von den materiellen Gründen, wie Wohlstand, angesehene Familie, reiches Erbe, bessere Berufsaussichten, die Anlaß zum Heiraten werden. Oft ist es Mitleid oder die Vorstellung, der eine könne den anderen, wie er meint, auf den rechten Weg bringen. Und zu guter Letzt ist es die Angst, man müsse vielleicht ein ganzes Leben lang alleine bleiben, wenn man diesen Menschen, zu dem man sich hingezogen fühlt, nicht heiratet.

Dies alles und noch viele andere Gründe zum Heiraten haben etwas Zwingendes. Wie alles vergangene Schicksal mit Notwendigkeit zu einer Begegnung und Fortsetzung drängt. Die Menschen sind geneigt, gerade die Ehe als etwas Vorbestimmtes, Unausweichliches anzusehen. Man zitiert dann gern den Spruch, der nicht im Evangelium steht: „Ehen werden im Himmel geschlossen." Christus hat das Gegenteil gesagt. Er wurde gefragt, wie es sich verhält, wenn einer Frau ihr Mann stirbt und sie, gemäß dem jüdischen Gesetz, dessen Bruder heiraten muß. Dann stirbt auch dieser und sie muß den nächsten Bruder heiraten. Wer denn im Himmel ihr Mann sei? Christus antwortete darauf, daß die Ehe eine Einrichtung für das Erdenleben sei, daß im Himmel niemand gefreit wird und niemand freit. Und gerade auf der Erde, wo so vieles zwingend ist, soll der Mensch die Fähigkeit der Freiheit erringen.

Die Vergangenheitskräfte führen die Menschen mit Notwendigkeit zu einer Begegnung. Wie sie in der Zukunft diese Begegnung weiterführen, das sollte idealerweise ihre freie Entscheidung sein. Das ist natürlich heute meistens nicht so. Die Menschen schließen die Ehe aus den Kräften der Vergangenheit. Manchmal tragen diese Kräfte auch wirklich noch durch ein ganzes Leben. Sehr oft aber erleben die Menschen nach kürzerer oder längerer Zeit, daß das, was wie von alleine, ohne ihr bewußtes Dazutun zwischen ihnen gelebt hat, die Be-ziehung, die da bestand, dieses Hingezogenwerden zu dem anderen, daß alles, was dazu gehörte, wie verbraucht ist, so, als hätte es seinen karmischen Dienst getan, als wäre alles abgedient, was noch unaufgearbeitet zwischen ihnen war.

In solchen Zeiten zeigt es sich, daß die Ehe nur Bestand fürs ganze Leben hat, wenn aus ihr Neues entsteht, wenn die Partner sich für einander entschieden haben, weil sie an etwas Zukünftigem zusammen schaffen wollen, etwas, das nicht schwinden kann, wie die Verhältnisse aus der Vergangenheit, weil es erst werden muß. Wie kann man aber auf Zukunft bauen, die man noch gar nicht kennt, wo alles ungewiß, unbekannt, unsicher ist? Gerade heute haben die Menschen mehr denn je auf der einen Seite ein Bedürfnis nach Sicherheit, auf der anderen Seite nach Bindungslosigkeit, die mit wirklicher Freiheit leicht verwechselt wird.

Es ist sehr verständlich, daß junge Menschen erst ausprobieren wollen, ob sie zusammen passen oder nicht, bevor sie heiraten. Sie erleben ja ringsum, wie Menschen in der Ehe aneinander leiden oder wie die Ehen zerbrechen. Dem wollen sie vorbeugen. Sie ziehen also zusammen, leben zusammen, schlafen zusammen und beginnen mit einer Ehe, auch wenn sie noch nicht rechtlich geschlossen und kirchlich gesegnet ist. Oft stellen sich auch Kinder ein. Die Ehe wird genauso gelebt wie eine offiziell anerkannte Ehe. Aber man möchte sich die Freiheit wahren, jederzeit auseinandergehen zu können, wenn etwas schwierig, vielleicht unerträglich zwischen den beiden wird. Es wächst also in jedem Fall ein Ehewesen heran. Es fehlt ihm aber der Rechtsschutz, der eine äußere Form des moralischen Schutzes ist. Natürlich kann auch in einer rechtlich geschlossenen Ehe immer ein Dritter einbrechen, und das kann Anlaß werden, daß ein Ehepartner den anderen verläßt.

Der innere, menschliche Prozeß bei einer Scheidung mit all seinen Schmerzen und lebenslanger Schädigung ist der gleiche, ob eine Ehe rechtlich oder kirchlich geschlossen war oder nicht. Ein lebendiges Gemeinschaftswesen zerbricht, ein Wesen, das im Leiblich-Lebendigen aus zweien eines gemacht hat. Das ist, mit wenigen Ausnahmen, seelisch wie ein gewaltsamer Tod. Er betrifft nicht nur die beiden Partner, sondern oft auch Kinder und viele aus dem sozialen Umkreis.

Durch die rechtliche Eheschließung wird die Gemeinschaft gegenüber der Welt geschützt. Eine Art Schranke wird aufgerichtet, die durchbrochen werden muß. Davor hält jeder erst einmal inne und wacht auf für den Einbruch, den er verursacht, wenn er die Schranke nicht respektiert. Die eine Schranke verhindert den Eintritt Unbefugter. Die andere Schranke erschwert den Austritt aus der Ehe. Bei einer rechtlich ungeschützten Ehe fehlen diese beiden Schranken, an denen die Menschen aufwachen für das, wohinein sie ein- oder ausbrechen. Mancher wird sagen: Das nehme ich gerne in Kauf, wenn ich dafür Sicherheit gewinnen kann, daß ich es mit diesem Menschen ein Leben lang aushalten kann, bevor ich die Eheschließung mit Standesamt und Kirche vollziehe. Aber diese Sicherheit gibt es nicht, auch wenn man jahrelang zusammengelebt und geprüft hat. Es gibt Bereiche, die können vorher geprüft werden, und dafür sollte auch immer Gelegenheit gefunden werden.

So kann vorher geprüft werden, ob die beiden eine Sprache haben, die ihnen gemeinsam ist. Es ist nicht die Volkssprache gemeint. Es gibt Ehepaare, wo beide aus verschiedenen Völkern stammen, der Mann z. B. Rumäne und die Frau Japanerin ist. Keiner beherrscht die Sprache des anderen. Äußerlich reden sie deutsch miteinander, eine Sprache, die für beide eine Fremdsprache ist. Aber innerlich sprechen sie die gleiche Sprache, oder mindestens kann jeder die Seelensprache des anderen verstehen und erwidern.

In einem Fall kam ein jung verheiratetes Paar zu einem dritten, um sich mit ihm über die Eheprobleme zu besprechen. Jeder trug seine Vorwürfe, Erwartungen, Enttäuschungen vor. Der eine war Künstler, der andere Jurist. Der Dritte mußte, als er ihnen zuhörte, feststellen, daß keiner die innere Sprache des anderen versteht. Er versuchte, zu dolmetschen, denn er verstand sie beide. Doch es war da beim besten Willen keine Verständigungsmöglichkeit. Vorher waren sie verliebt gewesen und brauchten nicht viele Worte. Jetzt zeigte sich, wie bei dem einen die Sprache von Elternhaus, Religion, Konvention geprägt war und der andere alle diese Prägungen seiner Sprache nicht hatte.

Man kann zwar lernen, die Sprache eines anderen zu verstehen, aber für die Lebensgemeinschaft braucht man eine gemeinsame Seelensprache. Indem man Gespräche führt oder indem man gemeinsam auf die Sprache der Natur, der politischen Ereignisse, der Kunst, der Religion lauscht, kann man vor der Ehe erproben, in welcher Sprache jeder innerlich lebt und ob einer den anderen auch dann versteht, wenn er sich nur ungenügend auszudrükken vermag, ob man hört, was der andere unausgesprochen sagen will. Das zweite, was man vorher prüfen kann, ist die eigene Opferbereitschaft, Opferfähigkeit.

Auf einer gemeinsamen Reise treten immer wieder solche Situationen ein, wo es sich zeigt, daß Lebensstil und Umgang mit den Dingen bei beiden sehr verschieden sind. Man möchte eine alte Kirche besichtigen. Der eine geht hindurch, bewundert, schaut sich alles an, kauft noch Postkarten und möchte dann weiterfahren. Der andere möchte verweilen, in die Stimmung eintauchen, warten, bis der Bau, die Figuren und Bilder zu ihm sprechen. Vermag einer dem anderen sich anzupassen, seinen Stil des Verweilens oder Weiterstrebens dem anderen zu opfern, oder gibt es bei solchen Gelegenheiten Streit?

Oder einer braucht zum Essen doppelt so lang wie der andere, der dann oft auf ihn warten muß. Einer verbringt den Urlaub lieber unter Menschen, der andere in der Einsamkeit. Der eine ist ein Morgenmensch, der andere schläft morgens lang und möchte abends noch viel unternehmen, wenn der Morgenmensch schon müde ist.

An unendlich vielen solchen Lebenssituationen können zwei Menschen erproben, ob sie bereit sind, sich nach dem anderen zu richten, oder ob sie erwarten und verlangen, daß er sich nach ihm richtet, weil meine Weise „natürlich die bessere ist". Mancher muß prüfen, ob sein Selbstwertgefühl davon abhängt, daß er Recht hat oder sich durchsetzen kann. Beide müssen prüfen, ob sie es ertragen, wenn der andere außer mit ihm an erster Stelle mit seinem Beruf verheiratet ist und es womöglich ein Beruf ist, in dem Berufsgeheimnisse gehütet werden. Ob sie es also aushalten, mit einem Menschen zu leben, der ihnen nicht alles erzählen und sagen kann. Der Mann muß prüfen, ob seine Opferkraft ausreicht, einen großen Seelenanteil der

Frau an die Kinder abzutreten. Auch die Opferkraft kann natürlich an den Lebensrealitäten wachsen, aber es ist gut und ist auch möglich, vor der Ehe zu prüfen, ob man gewillt ist, für diesen Menschen auf vieles, was zum persönlichen Leben bisher gehörte, zu verzichten. Wer, ohne zu prüfen, denkt: „das wird schon gehen", der verlangt später die Opferbereitschaft immer vom anderen und hat auch immer Gründe dafür. Nur daß Gründe, Recht haben, Besserwissen die Lebensgemeinschaft eher schwächt als stärkt. Jeder möchte aus sich heraus finden, was zu tun ist, und nicht, weil der andere es von ihm erwartet oder ihm vorhält.

Auch Opfer dürfen nicht erwartet oder als Trümpfe ausgespielt werden: „Was ich schon alles für dich getan habe. Jetzt könntest du auch einmal für mich etwas tun." Wenn einer dem anderen etwas geben will, ist es ein bedeutender und tief wirkender Unterschied, ob der andere das Geschenk sich nimmt, oder ob er es empfangen kann. Die Kunst des Empfangens ist ebenso groß wie die des Gebens. Die gemeinsame Sprache und den eigenen Opferwillen kann jeder prüfen, bevor er eine Lebensgemeinschaft eingeht. Aber niemand kann vorher wissen, wie sich der andere und wie er sich selbst verändern wird. Die Wandlungen der Persönlichkeiten werden auch ihre Gemeinsamkeit wandeln. In den Wandlungen liegt das Ungewisse, mit dem Menschen in der Ehe leben. Aus diesen Wandlungen entstehen auch die allermeisten Eheprobleme.

Wieviel wird über diese Wandlungen geklagt, z. B.: Als er sie geheiratet hat, war sie strahlend, voller Unternehmungsgeist, immer für ihn zur Verfügung. Jetzt sieht sie müde und überanstrengt aus, ist erfüllt von vielerlei Sorgen um die Kinder, hat zu nichts anderem mehr Kraft und Lust. Oder früher sind wir abends oft zusammen ausgegangen. Jetzt wird es ihm oder ihr zuviel, zu anstrengend. Aber in Vorträge und religiöse Veranstaltungen zu gehen, wird ihm oder ihr nie zuviel. Als wir geheiratet haben, war er ein Idealist und wollte mit mir neue Wege gehen. Jetzt ist er auch nicht anders als die meisten seiner Kollegen. Es gibt auch Wandlungen, die von beiden mit Freuden erlebt werden. Sie sind meistens aus schweren gemeinsamen Erlebnissen hervorgegangen, dem Tod eines Kindes, einer Berufskrise, einer Krankheit oder Ehekrise. Für alle diese Wandlungen kann man sich vorher keine Sicherheit verschaffen. Wie kann der Mensch die Möglichkeit finden, sich auf so viel Unsicheres einzulassen, wie es die Ehe ist?

Heute bauen die Menschen meistens unbewußt ihre Ehe auf die Vergangenheitskräfte, die sie zueinander geführt haben. Diese tragen aber nur noch selten durch ein ganzes Leben, und darum werden die „guten alten Ehen" immer seltener. Wer seine Ehe zu einem wirklich freien Entschluß macht, sich von nichts dazu treiben läßt, sondern allein aus sich selbst das Ja dazu sagt, der baut auf die Zukunft mit all ihren Unsicherheiten und Wandlungen. Die Ehe ist für solche Menschen nicht überholt, sondern der Anfang von etwas, das heute noch gar nicht von Menschen erfüllt werden kann.

Ehe verlagert sich immer mehr aus einer Vergangenheitseinrichtung in etwas Zukünftiges und darum noch nicht ganz gegenwärtig Erfüllbares. Wir müssen von vorneherein wissen, daß die Ehe für den Menschen heute eine Überforderung ist, Ehe jetzt gemeint im Sinne einer lebenslänglichen Gemeinschaft zwischen Mann und Frau. Es gehört dazu, daß eine Ehe in tiefe Krisen kommt, wo beide sich ohnmächtig fühlen, wo alles, was einmal zwischen ihnen war, gestorben ist. Alles, was ihre Ehe einmal ausgemacht hat, ist für sie begraben. Aber gerade in diesem restlosen Unvermögen, die Ehe vor dem Sterben zu bewahren, offenbart sie ihr Geheimnis. „Diese Krankheit ist nicht zum Tode, sondern daß durch sie Gott sich offenbare", sagt Christus zu seinen Jüngern, als ihm gemeldet wurde, daß Lazarus, den er liebte, gestorben sei (Joh. 11). Lazarus hat eine Schulung durchgemacht, ähnlich den Schulungswegen in den alten Mysterienstätten. Und der Höhepunkt dieser Schulung ist seine Auferweckung durch Christus. Als ein Eingeweihter, als ein Jünger, den der Herr lieb hat, ist er daraus hervorgegangen.

Die Ehe der Zukunft wird als ein Schulungsweg gelebt werden. Alles, was uns darin unmöglich erscheint, gehört zu dieser Schulung. Und unsere eigene Schwäche, unsere Krankheit und Ohnmacht darin, auch wenn vieles ins Grab gelegt werden muß, es ist all dies nicht zum Tod der Ehe, sondern daß sich Gott in ihr offenbare. Ehe ist eine Mysterienausbildung in unserer heutigen Zeit. Unser Unvermögen kann von dem Alles-Vermögenden umgewandelt werden. Wunderbares kann geschehen durch den Wunder-Gebärenden. Woran erleben wir das?

Es gibt den Ausdruck: „Über seinen eigenen Schatten springen." Damit soll etwas Unmögliches ausgedrückt werden. „Niemand kann über seinen eigenen Schatten springen." Aber wenn die Sonne genau im Zenith über dem Menschen steht, verschwindet der Schatten und ebenso, wenn es Nacht ist, wenn also die Sonne auf der anderen Seite der Erde ist. Der Schatten, das sind die unendlich vielen Verhaltensmuster, Denkschablonen und Gefühlsreflexe, die uns aus der Vergangenheit anhängen.

Weil wir über sie nicht hinwegkommen, gerät die Ehe in ihre Hoffnungslosigkeiten, ihre ewigen Wiederholungen, ihre Resignationen.

Erst, wenn wir auf das Licht vertrauen, durch dessen Stand in unserem Lebenslauf und Ehelauf der Schatten verschwindet, können wir durchhalten. Jede tiefe Schicksalsnacht, Unglück, Zweifel, innerer und äußerer Besitzverlust und vieles mehr stürzt uns in solche Dunkelheit, daß unser Schattenhaftes darin verschwindet. Wir aber dürfen uns in solchen Zeiten sagen: Bei uns ist jetzt Nacht, weil das göttliche Licht um die Welt wandert und für uns Nachtzeit bewirkt, damit die Schatten aufgehoben werden. Wir sind im Grabe.

Der Weckruf ertönt, wenn das göttliche Licht für uns im Zenith steht, uns gnadevoll als Ichstrahl von oben trifft, sich mit uns verbindet und sich von da an in unserer Ehe offenbart. Dann geschieht nämlich, daß wir im weiteren Verlauf, wo die Schatten wieder sichtbar werden, wir doch über unseren eigenen Schatten springen können. Auf bestimmte Sätze und Verhaltensweisen unseres Partners reagieren wir anders als vorher. Und wir bemerken, daß auch er oder sie auf uns anders reagiert als vorher. Es geschehen tatsächlich Wunder, z. B. daß jemand, der es nie fertig gebracht hat, sich für etwas zu entschuldigen, das tut, vielleicht noch sehr leise, sehr umschrieben oder durch einen kleinen Liebesdienst anstelle von Worten. Aber er tut es, und der, dem es gilt, bemerkt es auch.

Sie sind beide in ihrer Ehe nicht mehr abhängig davon, daß so etwas geschieht. Sie hatten nicht mehr darauf gewartet, und darum kann es geschehen. Wenn eine Ehe zu neuem Leben erweckt wird, nachdem sie schon im Grabe lag, dann erleben die beiden, daß sie Teilhaber eines Mysteriums, eines Geheimnisses werden durften. Die Ehe als Einweihungsweg, darauf werden die Menschen vorbereitet durch das Sakrament der Trauung.

Wann immer im Jahr eine Trauung in der Christengemeinschaft gefeiert wird, geschieht dies in der Farbe des Osterfestes. Rot ist der Tisch bedeckt, vor dem alles geschieht; rot ist auch die Farbe des Talars, den der Priester bei dieser Gelegenheit trägt. Im Zeichen der Auferstehung, im Namen dessen, der die Erde und die Menschen verwandelt, wird das Sakrament der Trauung vollzogen. Er lebt als das Geheimnis der Ehe in allen Wandlungen, die aus dem Staunen und dem Opfer hervorgehen. Wo das Unerwartete geschieht, das uns Menschen Unmögliche, da öffnen wir uns im Staunen und lassen den ein, der auch in der Ehe das Wunder der Wandlung ermöglicht.

Dieser Anfang der Trauung wird der Ehe mitgegeben, daß sie bereit wird, jedem Ende solchen Anfang folgen zu lassen, Auferweckung des schon Begrabenen. Es folgt das Ja-Wort, mit dem beide Partner ihren Entschluß vor die Welt stellen. Sie werden nicht gefragt, ob sie sich zur Ehe entschlossen haben, sondern ob sie gedenken, ihre Ehe in die Sphäre der geistigen Entschlüsse aufzunehmen. So beginnt die Ehe selber ein immer weiter gelebter Entschluß zu werden.

Es gibt ja viele Entschlüsse, die sich wieder auflösen, weil die Menschen die Konsequenzen ihres Entschlusses nicht mit einbezogen haben. Wenn ein Mensch sich entschließt, Musiker zu werden, lebt er diesen Entschluß durch alles Üben und Studieren weiter. Er kann nicht sagen, ich laß mich doch nicht zwingen, jeden Tag viele

Stunden zu üben. Wenn er das sagt, war es kein Entschluß, sondern nur ein Gedanke, eine Vorstellung.

Das Wort „gedenkst du" ist ein Wort, was denken enthält und zugleich einen Willensimpuls, „willst du" ist auch als Bedeutung darin. Ein Entschluß, der gelebt wird, braucht Denken und Wollen zugleich. Ehe ist ein gelebter, immerwährender Entschluß, durch das Jawort im Leben der beiden verwurzelt. Dieser gelebte Entschluß stammt aus der Freiheit zweier Ichwesen, die sich zu einem dritten, zu ihrer Lebensgemeinschaft verbinden.

Auch die Zeugen sind solche mit Namen genannten Ichwesen. Ihnen zu begegnen bewirkt in dem Traupaar in Zukunft die Vergegenwärtigung des Sakramentes, in dem das Ja gesprochen wurde. Der größte Zeuge, der auf Erden gelebt hat, war Johannes der Täufer. Er sah den Himmel offen über dem Jesus, der zum Christus wurde, und er hörte die dies Ereignis bejahende und besiegelnde Stimme Gottes. Die Trauzeugen mögen den offenen Himmel über der beginnenden Ehe sehen, aus dem das Ehewesen herabschaut auf seine eigene Zukunft. Und sie mögen in dem Ja die Stimme Gottes aus dem Menschen sprechen hören, der das Geschehen durch die Menschen bejaht und besiegelt.

Ringe werden gewechselt und Stäbe in Kreuzform zusammengebunden und hochgehoben. Das sind Bilder, die in der Seele weiterleben und immer neu bewegt werden können zur Stärkung der Lebensgemeinschaft. Das Geheimnis der Ehe verbirgt sich in den Worten, die zu Mann und Frau besonders gesprochen werden. Denn die Ursache aller Unmöglichkeiten in der Ehe ist ja die von vorneherein gegebene vollständige Verschiedenheit von der männlichen und der weiblichen Art, Mensch zu sein. Eine Gemeinschaft zweier solcher Extreme kann auf Dauer von

Menschen allein nicht geleistet werden. Aber der männliche und weibliche Umgang mit dem Licht des Christus bewirkt, daß eine Ergänzung und Erfüllung stattfinden kann. Mit dem Licht vorangehen und den Weg beleuchten, den man zusammen gehen will, ist die männliche Qualität in jedem Menschen. In dem Lichte leben, es wie eine wohltuende Atmosphäre um sich verbreiten, ist die weibliche Qualität in jedem Menschen. In dem Vorangehen und Folgen liegt keine Wertung, sondern es wird beschrieben, was von den Menschen ausgehen muß, wenn ihre Gemeinschaft mit und in dem Licht des Christus durch die Wandlungen geführt wird und zur wirklichen Vereinigung, zur Hoch-Zeit, immer wieder gelangen darf.

Im letzten Teil der Trauung wird vom vergangenen zum zukünftigen Schicksal die Aufmerksamkeit gelenkt und darauf, daß Ehe nicht das eigene Wohlsein zum Inhalt hat, sondern das Wohlsein der Menschheit, des Menschentums in der Welt. Ehe ist keine persönliche Angelegenheit, sondern eine soziale. Das persönliche Glück kann durchs Leben nur erfahren werden, wenn die Ehe ein Glück für andere bedeutet, für die Kinder und deren Freunde, für alle Menschen, die mit innerem Gewinn dieser Lebensgemeinschaft begegnen, sich in ihrer Gegenwart bereichert und befriedet fühlen. Dazu wird dem Traupaar zum Abschluß ohne Worte eine tiefe Kraft vermittelt durch eine Gebärde, die aus dem weiten Kosmos zur Erde und zur Menschenmitte in ihre Lebensgemeinschaft als Segen einströmt.

Das Sakrament der Trauung läßt sich mit solchen Worten nur andeuten. Wer es erlebt, der ahnt, warum es unter den Sakramenten das siebte ist. In unserer Epoche wird um alles Soziale gekämpft, gestritten, und es gelingt noch schwer. Alte Gemeinschaftsformen lösen sich auf. Für neue sind die Menschen noch nicht fähig. Ihre eigene Person ist ihnen im Weg. Darum läßt sich Ehe nur verwirklichen in der Paradoxie, daß gerade im Unmöglichen der wirksam wird, bei dem „alle Dinge möglich sind". „Denn Gott ist in dem Schwachen mächtig", sagte Paulus. Das Geheimnis der Ehe ist, daß in ihrer Menschenunmöglichkeit der erlebt wird, der Tote auferweckt. Erweckungskraft, Jasagekraft, Wandlungskraft strömen als Segen in die Untergründe der Ehe und bewirken, daß die Lebensgemeinschaft als ein Einweihungsweg für die Zukunft beginnt. Dort wird einmal die Liebe auferstehen, die wir heute nur ahnen, und die uns zu Jüngern macht, „die der Herr lieb hat".

Wer verliebt ist, sieht nur noch den Partner und sich selbst: Wer liebt, erlebt durch die Liebe zu dem einen, wie sein Herz weit wird und sich auch anderen zuwendet aus dem Glück der Gemeinsamkeit mit dem einen. Und wer sich anderen zuwendet, begegnet in ihnen dem Einen, der in jedem unserer geringsten Brüder angesprochen werden will. So führt uns der Weg von dem einen Menschen, mit dem wir leben wollen, zu den vielen, in denen wir *den* Menschen, den das Menschsein Erfüllenden versuchen wollen zu lieben.

Wir versagen in allen Bereichen, denn wir sehen den Gott nicht in den vielen Menschen und verlieren die Liebe zu dem einen. Unsere Lebensgemeinschaft geht in den Tod. Wann wird sie zu neuem Leben erweckt? Erst dann, wenn wir ihren Mysteriencharakter, ihr Geheimnis anerkennen und alle Geschicke, Nöte und Untergänge als Prüfung auf dem Einweihungsweg des Schicksals durchleben und durchleiden. Nur selten wird das jetzt schon ganz zu

Ende geführt werden. Aber auch die Zukunft der Ehe hat schon begonnen, und wir dürfen *dem* vertrauen, der Lazarus aus dem Grabe rief und der seiner Schwester Martha sagt: „Ich bin die Auferstehung und das Leben. Wer an mich glaubt, der lebt, auch wenn er stirbt, und wer lebt und glaubt an mich, der wird nimmermehr sterben." Das gilt auch für das Ehewesen, das nur in diesem Glauben an den Erwecker alles Toten bestehen kann.

Die sieben Zeichen im Johannes-Evangelium und die sieben Sakramente

Rudolf Steiner hat die sieben Sakramente so angeordnet, daß zuerst diejenigen genannt werden, die jedes Menschenleben betreffen können und zuletzt die beiden, die in einen ganz bestimmten sozialen Zusammenhang gehören, der nicht von allen Menschen erlebt wird. Nicht jeder wird Priester im Sinne eines Berufes. Nicht jeder geht eine Ehe ein. In dieser Reihenfolge läßt sich eine geistige Verwandtschaft finden zu der zeitlichen Reihenfolge der Wundertaten Christi, wie sie im Johannes-Evangelium geschildert werden:

Taufe –	Hochzeit zu Kana	Joh. 2
Konfirmation –	Heilung des Sohnes vom Hauptmann aus Kapernaum	Joh. 4
Beichte –	Heilung des Gelähmten am Teich Bethesda	Joh. 5
Menschenweihehandlung –	Die Speisung der Fünftausend	Joh. 6
Letzte Ölung –	Stillung des Sturmes	Joh. 6
Priesterweihe –	Heilung des Blindgeborenen	Joh. 9
Ehesakrament –	Die Auferweckung des Lazarus	Joh. 11

Zum Abschluß dieser Betrachtungen wollen wir den Zusammenhang zwischen den Zeichen aus dem Johannes-Evangelium und den Quellorten der Sakramente darzustellen versuchen. Natürlich kann man die Zeichen des Johannes-Evangeliums ganz anders und auf vielerlei Weise erleben und durchdenken. Dies ist nur eine Anregung, in den Situationen des Lebens mit einem Johannes-Text so umzugehen, daß er uns Kraft gibt, sie zu meistern.

Taufe – Hochzeit zu Kana

2 *Und am dritten Tage wurde eine Hochzeit gefeiert zu Kana in Galiläa. Und die Mutter Jesu war dabei, und auch Jesus und seine Jünger waren zum Hochzeitsfest ein-*
3 *geladen. Als der Wein zur Neige ging, spricht die Mutter*
4 *Jesu zu ihm: Sie haben keinen Wein mehr. Und Jesus antwortet ihr: Achte auf die Kraft, o Weib, die da webet zwischen mir und dir. Noch ist meine Stunde nicht gekom-*
5 *men. Da spricht seine Mutter zu den Dienern: Tut, was er*
6 *euch sagen wird! Es standen dort sechs Wasserkrüge, die den jüdischen Reinigungsgebräuchen dienten. Ein jeder*
7 *faßte zwei oder drei Maß. Und Jesus spricht zu den Dienern: Füllet die Krüge mit Wasser! Und sie füllten sie bis*
8 *an den Rand. Und er spricht weiter: Schöpfet nun daraus und bringet es dem Leiter des Mahles! Und sie brachten es ihm. Der Leiter des Mahles wußte nichts vom Ursprung dessen, was man ihm reichte; nur die Diener, die das Was-*
9 *ser geschöpft hatten, wußten davon. Und als er von dem Wasser kostete, das zu Wein geworden war, ruft er den*
10 *Bräutigam herbei und spricht so zu ihm: Sonst pflegt doch jedermann zuerst den guten Wein zu geben und*

dann, wenn die Gäste trunken sind, den geringeren. Du aber hast den guten Wein bis jetzt zurückbehalten. – Diesen Urbeginn seiner Zeichentaten vollbrachte Jesus zu Kana in Galiläa. Die strahlende Lichtgewalt seines Wesens machte er dadurch offenbar, und in seinen Jüngern entstand ein tiefes Vertrauen zu ihm. 11

Zunächst erscheint es verwunderlich, daß ausgerechnet eine Hochzeit Urbild für das Taufgeschehen sein soll. Der Schauplatz für dieses erste Zeichen ist eine Hochzeit. Aber die wichtigsten Personen, das Brautpaar, treten gar nicht auf. Wenn sonst im Leben von einer Hochzeit erzählt wird, stehen Braut und Bräutigam im Mittelpunkt des Interesses. Um sie geht es bei einer Hochzeit. Doch bei der Hochzeit zu Kana ist das wichtigste Ereignis nicht die Eheschließung von einem bestimmten Mann und einer bestimmten Frau.

Hier geht es um die Vereinigung des männlichen und weiblichen Prinzips, um ihr Zusammenwirken als ein Grundprinzip der göttlichen Weltordnung. Zu allen Zeiten hat man diese beiden Grundprinzipien erlebt. Der Himmel war männlich, die Erde weiblich, und zwischen ihnen entstand die Fülle der lebendigen Wesen. Der Geist ist das männliche, zeugende Prinzip, die Materie, die Mater, Mutter, das Empfangende. Yin und Yang nennt man es in Asien. Das Wirken Christi unter den Menschen beginnt mit diesem Prinzip, das sich auf dreierlei Weise offenbart. Zwischen seiner Mutter und ihm entstand eine geistige Kraft. Durch diese Kraft wurde Wasser in Wein verwandelt, so wie draußen in der Natur im Lauf eines Jahres durch das Zusammenwirken von Erde und Sonne das Wasser in der Weinpflanze zu Wein verwandelt wird.

In der Mutter Jesu lebt etwas vom Wesen der Mutter Erde, und in Christus lebt der herabgekommene Sonnengeist. Die entscheidende Stelle, die im Evangelium auf dieses Zusammenwirken zweier Weltprinzipien hinweist, heißt im Griechischen: τί ἐμοὶ καὶ δοί, wörtlich übersetzt: Was zwischen mir und dir? Und nicht, wie es bei Luther heißt: Weib, was habe ich mit dir zu schaffen? Es sei denn, man nimmt diese Lutherübersetzung wörtlich und meint: Was können wir beide zusammen schaffen, was kann ich mit dir, o Frau, bewirken?

Es weist dieses griechische Wort darauf hin, was zwischen ihm und der Mutter als Kraft entsteht und wirksam wird. Es ist die Reife- und Wandlungskraft zwischen Himmel und Erde, Geist und Stoff, Männlich und Weiblich, Yin und Yang. Die Diener stellen nun nach seinen Anweisungen die Gegebenheiten dafür her. Die Jünger werden zum ersten Mal Zeuge des sakramentalen Wirkens Christi. Denn in jedem Sakrament handelt es sich um das Zusammenwirken himmlischer und irdischer Bereiche. Himmelskräfte wirken auf der Erde, Erdenbildungen werden dem Himmel einverleibt. Wer das erlebt, dem öffnet sich ein neuer Sinn, mit dem er die Wirklichkeit Christi wahrnehmen kann. Man nennt diesen Sinn Glauben.

Die Taufe als das erste Sakrament im Menschenleben, das erste Zeichen, das Christus an dem Menschen auf Erden vollzieht, läßt die beiden Weltprinzipien zusammenwirken. Die drei Prozesse der Stoffeswelt, die durch Wasser, Salz und Asche vertreten sind, wirken als Träger der göttlichen Dreifaltigkeit. Die drei Seelenkräfte werden im Zusammenwirken von Geist und Leib verwandelt, werden mit ihrem geistigen Ursprung verbunden. „Was zwischen mir und dir", sagt Christus zu seiner Mutter.

In der Taufe ist es die Kraft zwischen Geist und Stoff, die im Kind wirksam wird. Sein eigener Geist, der den Namen empfängt, und sein eigener Leib kommen in ein Verhältnis, das über die natürliche in eine übernatürliche Welt hinüberreicht. Die menschlichen Vollbringer, durch die Christus dieses erste Zeichen vollzieht, sind der Priester, der das Sakrament durchführt, man kann auch sagen, der die Beteiligten durch das Sakrament führt, und die Gemeinde, die als Seelenmutter des Kindes dem Vorgang folgt. In diesen beiden wirken auch die genannten Weltprinzipien. Zwischen Weltengeist und Weltenstoff, zwischen Kindesgeist und Kindesleib, zwischen Priester und Gemeinde, deren Abgesandter die beiden Wächter, die Paten, sind, ereignet sich die Taufe, die in dem Täufling den Anfang, die Initiation bewirkt für eine Entwicklung, durch die der natürliche Mensch in den geistigen Menschen verwandelt wird, so wie damals das Wasser in Wein verwandelt wurde.

In der Taufe findet der Mensch in der ihm noch so fremden irdischen Welt seine geistige Heimat wieder. Das ist der Anfang allen sakramentalen Geschehens, in das sich das Menschenleben verwandeln kann.

Konfirmation – Heilung des Knaben vom königlichen Hauptmann aus Kapernaum

4 *Und er kam wieder nach Kana in Galiläa, wo er das Wasser in Wein verwandelt hatte. Dort war ein königlicher Beamter, dessen Sohn in Kapernaum krank lag. Als er hörte, daß Jesus von Judäa nach Galiläa gekommen sei, ging er zu ihm und bat ihn, hinabzukommen und seinen* 46 47

Sohn, der bereits im Sterben lag, zu heilen. Jesus erwiderte
48 *ihm: Wenn ihr keine Zeichen und Wundertaten seht, so*
49 *habt ihr kein Vertrauen. Da sprach der königliche Beamte*
50 *zu ihm: Herr, komm herab, ehe mein Kind stirbt! Da sprach Jesus: Gehe hin, dein Sohn lebt! Und der Mensch vertraute auf das Wort, das Jesus zu ihm sprach, und ging*
51 *hin. Als er unterwegs war, kamen ihm seine Diener mit der*
52 *Botschaft entgegen, sein Knabe sei wieder am Leben. Als er sie nach der Stunde fragte, da die Wendung eingetreten sei, antworteten sie ihm: Gestern um die siebte Stunde verließ*
53 *ihn das Fieber. Da erkannte der Vater, daß es dieselbe Stunde war, in der Jesus zu ihm sprach: Dein Sohn lebt. Und er fühlte sich ganz von der Kraft des Glaubens erfüllt,*
54 *er selbst und sein ganzes Haus. Diese zweite Zeichentat vollbrachte Jesus, als er von Judäa nach Galiläa kam.*

Obwohl Johannes zwischen dem ersten und zweiten Zeichen noch viel anderes berichtet, knüpft er zu Beginn der Erzählung von dem königlichen Hauptmann aus Kapernaum an das erste Zeichen an. Christus kam wieder von Judäa nach Galiläa in die Gegend, wo er das Wasser in Wein verwandelt hatte. Es ist wie ein geheimer Hinweis, daß dieses erste Zeichen die Voraussetzung war für das Zeichen, das er nun vollzieht. Auch die Taufe ist der Beginn des Urprinzips, das in einem Leben erweckt sein muß, damit weitere Weihen entgegengenommen werden können.

Die Konfirmation ist Weihe und Segnung des Menschen für das Jugendalter. Wodurch geschieht die Heilung des Knaben? Es ist ein reines Wortgeschehen. Der Vater spricht die Fürbitte aus, und Christus gibt ihm das Wort: „Gehe hin, dein Sohn lebt." Dann heißt es: Der Mensch glaubte dem Wort, das Christus sprach. Es heißt nicht, der Hauptmann oder der Vater, sondern der Mensch. Glaube ist der Sinn, mit dem der Mensch die Wesenswirkungen des Christus wahrnimmt. In Kana war es die Kraft zwischen Himmel und Erde, hier ist es seine Worteskraft. Sie wirkt über alle Entfernungen hinweg, wenn sie getragen ist von der Glaubenskraft des Menschen.

Es ist dieses zweite Zeichen das große Urbild für die Wirkung von Fürbitte und Segen durch das Wort. Es handelt sich um einen Menschen, der noch nicht selber einen inneren Weg bewußt gehen kann, weil er ein Knabe und noch nicht erwachsen ist. Das zweite Sakrament, die Konfirmation, ist wie das zweite Zeichen ein Wortgeschehen. Von den Menschen kommt die große Fürbitte. Christus erweckt darauf mit seinem Segen, der den jungen Menschen aus der Todesnähe holt und für das bevorstehende Leben stärkt.

*Beichte – Heilung des Gelähmten
am Teich Bethesda*

5 *Ein jüdisches Fest stand bevor, und Jesus zog hinauf nach Jerusalem. In Jerusalem gab es am Schaftor einen* 2 *Teich, der hieß auf hebräisch Bethesda, mit fünf Hallen. In ihnen lagen viele Kranke, Blinde, Lahme, Verkrüppelte* 3 *und Entkräftete, wartend, daß das Wasser in Bewegung geriete. Denn zu bestimmten Zeiten fuhr ein Engel mit* 4 *seinem Kräftewesen in den Teich, so daß das Wasser emporwallte. Der erste nun, der nach dem Emporwallen des Wassers hineinstieg, wurde geheilt, gleichviel welche Krankheit ihn auch plagte. Unter den Kranken befand* 5

sich nun ein Mensch, der bereits seit achtunddreißig Jah-
6 *ren an seiner Krankheit litt. Als Jesus ihn dort liegen sah und innewurde, daß er schon so lange krank war, sprach*
7 *er zu ihm: Hast du den Willen, gesund zu werden? Da antwortete der Kranke: Herr, ich habe keinen Menschen, der mich, wenn das Wasser emporwallt, in den Teich hinunterträgt. Und bis ich selbst hinkomme, steigt immer*
8 *schon ein anderer vor mir hinein. Jesus sprach zu ihm:*
9 *Steh auf, nimm dein Lager und geh! Und auf der Stelle wurde der Mensch gesund, nahm sein Lager auf und ging.*
10 *Nun war aber dieser Tag ein Sabbat, und so sprachen die Juden zu dem Geheilten: Heute ist Sabbat, und da ist*
11 *es nicht erlaubt, daß du dein Bett trägst. Er aber erwiderte: Der mich gesund gemacht hat, sprach zu mir:*
12 *Nimm dein Lager auf und geh! Und sie fragten ihn: Wer*
13 *ist der Mensch, der zu dir sprach: Nimm und geh? Der Geheilte wußte nicht, wer es war. Jesus war der Volks-*
14 *menge ausgewichen, die sich an jenem Ort befand. Später fand Jesus ihn im Tempel und sprach zu ihm: Siehe, du bist gesund geworden. Sündige ferner nicht, damit nicht*
15 *ein noch schwereres Schicksal dich treffe! Da ging der Mensch hin und sprach zu den Juden, Jesus sei es, der ihn*
16 *geheilt habe. Und die Juden fingen an, Jesus nachzustellen, weil er das an einem Sabbat getan hatte.*

Unter den vielen Kranken, die alle auf Heilung hoffen in dem Heilwasser des Teiches, ist einer, von dem gesagt wird, daß er 38 Jahre lang an seiner Krankheit litt. Die Krankheit wird nicht benannt. Es ist seine, die zu ihm gehörige Krankheit und, wie später deutlich wird, ist sie die Folge von sündigem Verhalten. Sie äußert sich darin, daß er sich selber nicht bewegen kann, auf einer Bahre liegen muß und auf die Hilfe anderer angewiesen ist. Christus sieht ihn und sah die 38jährige Krankheitszeit, die hinter ihm lag. Dann sprach er seinen Willen für die Zukunft an: „Willst du gesund werden?" Darauf schaute der Kranke in sein Leben zurück und berichtete ihm davon. Als Christus ihn aufforderte, sein Bett aufzuheben und selber zu gehen, empfängt er seinen tieferen Willen von dem, dem er glaubte.

Erst viel später, im Tempel, setzte sich die Begegnung zwischen Christus und dem Geheilten fort, nachdem durch diese Heilung das Schicksal Christi mit dem des Menschen eine tiefe Beziehung bekam. Er hatte den Sabbat gebrochen. So fragten die Pharisäer den Geheilten, wer es getan habe. Er wußte es nicht, glaubte, sie seien auch beeindruckt von diesem Wunder und wollten den, der es vollbrachte, ehren und kennenlernen. Darum sagte er es ihnen, nachdem er es im Tempel erfahren hatte. Das wurde der Anfang der Verfolgung Jesu durch die rechtgläubigen Juden. Wie finden wir das erneuerte Beichtsakrament in dieser Geschichte wieder? Es kann uns ja auffallen, daß dort am Teich unter all den vielen nur einer geheilt wird.

Im Gegensatz zu allen anderen Sakramenten geschieht die Beichte immer nur mit einem einzelnen, mit einem ganz individuellen Schicksalsträger. Er darf sich von Christus angeschaut fühlen. Dieser sieht seine ganze Vergangenheit, sieht seine Krankheit und ihre Ursache, sieht das Besondere der gegenwärtigen Stunde. In dieser Biographie ist es die Zeit des zweiten Mondknotens, wo sich die Konstellation zwischen Sonne und Mond wiederholt und die Möglichkeit, die Chance für einen Neubeginn besonders gegeben ist.

Im Beichtgespräch darf der Mensch das Vertrauen haben, mit seiner ganzen Vergangenheit im Übersinnlichen gesehen zu werden. Er kann nichts verbergen. Er kann alles aussprechen, weil es schon längst in einem viel größeren Zusammenhang gesehen wird, als er es selbst zu sehen vermag. Der Priester ist nur der Gesprächspartner auf der Erde. Durch seine Gegenwart wird dem Menschen die Gegenwart des Christus bewußt, dem er in diesem Sakrament so begegnet, daß er sich von ihm ins Rechte gedacht und zum rechten Tun veranlaßt fühlen darf. „Willst du gesund werden?" fragt er jeden. Und aus dem Blick des Menschen in die Vergangenheit wird er zur Tat und zur Überwindung der Krankheit aufgerufen.

So ist er mit Christus ein gegenseitiges Schicksal eingegangen. Erst im Tempel spricht Christus das sakramentale Wort. Zu diesem Wort trägt heute der Priester das Gewand, das ihn zum Repräsentanten des Menschen macht. Das Ideal des Menschen, das in jedem verborgen ist und nur von Christus erfüllt werden kann. Das: „sündige hinfort nicht mehr, damit dir nicht Schlimmeres widerfahre", hat heute einen ausführlichen Wortlaut.

Wer nicht sündigen will, muß lernen, mit seinen Gedanken- und seinen Willenskräften anders umzugehen als vorher. Er darf nicht unwissend den Christus an seine Feinde verraten, wie es der Geheilte damals tat. (Und doch tun wir Menschen dies immer wieder.) Er muß lernen, seine Gedanken und seinen Willen einem Überpersönlichen anzuschließen. Er muß fühlen, daß er selber vieles ausgleichen muß, was durch ihn ins Unrecht geriet und daß sehr vieles von ihm nicht ausgeglichen werden kann, weil es als Unglück dem Weltgeschehen eingeprägt ist. Er ist mit seinem Unrecht für Christus ein Schicksal geworden, und Christus ist ihm als Hilfe für sein Wiedergutmachen ein Schicksal geworden.

So zeigt uns das dritte Zeichen urbildhaft, wie das Beichtsakrament ein Schauen und Erkennen der eigenen Vergangenheit voraussetzt, wie es einen neuen Willen erzeugen will und wie im Tempel, im sakramentalen Wort der Christus sich mit dem Menschen und der Mensch sich mit Christus verbindet zur Heilung und Heiligung, das heißt zum Wieder-Ganz-Machen des Menschen und der von ihm zerstörten Welt.

Die Menschenweihehandlung –
Die Speisung der Fünftausend

6 *Danach begab sich Jesus weit fort an das galiläische Meer bei Tiberias. Eine große Schar von Menschen folgte ihm, weil sie die Geisteszeichen gesehen hatten, die er an den Kranken tat. Und Jesus ging auf einen Berg und setzte sich dort mit seinen Jüngern nieder. Das Passahfest, das Osterfest der Juden, stand nahe bevor. Als nun Jesus seine Augen zur Schau des Geistes erhob und eine große Volksmenge sah, die zu ihm strömte, sprach er zu Philippus: Wo können wir Brote kaufen, damit sie zu essen haben? Das fragte er, um ihn auf die Probe zu stellen. Er selbst wußte, was er tun würde. Philippus antwortete: Für zweihundert Denare Brot würde für sie nicht ausreichen, selbst wenn jeder nur ganz wenig bekäme. Da sprach einer seiner Jünger, Andreas, der Bruder des Simon Petrus zu ihm: Hier ist ein Knabe, der hat fünf Gerstenbrote und zwei gare Fische. Aber was bedeutet das angesichts einer so großen Schar? Jesus sprach: Lasset die Menschen sich*

lagern! Es gab viel grünes Gras an jenem Ort. Und so lager-
11 ten sie sich, an Zahl ungefähr fünftausend Mann. Nun
nahm Jesus die Brote, sprach die Segensworte darüber und
gab sie den Jüngern, die Jünger aber teilten sie aus an die im
Kreise Lagernden; das gleiche tat er mit den Fischen; jeder
12 empfing davon, soviel er wollte. Als sie gesättigt waren,
sprach er zu seinen Jüngern: Sammelt die übriggebliebenen
13 Brocken, damit nichts verlorengehe! Und sie sammelten
zwölf Körbe voll Brocken, die beim Essen von den fünf
14 Gerstenbroten übriggeblieben waren. Als nun die Menschen das Zeichen sahen, das er getan hatte, sprachen sie:
Dieser ist wirklich der Prophet, der in die Welt kommen
15 soll. Da Jesus erkannte, daß sie im Begriffe waren, sich
seiner zu bemächtigen und ihn zum König auszurufen, ent-
wich er von neuem auf den Berg, er für sich allein.

48 Ich Bin das Brot des Lebens. Eure Väter haben in der Wüste
49 das Manna gegessen und sind gestorben. Dieses ist das
50 Brot, das vom Himmel herniedersteigt. Wer davon ißt, der
51 wird nicht sterben. Ich Bin das lebentragende Brot, das aus
dem Himmel herniedersteigt. Wer von diesem Brot ißt,
wird leben durch alle Zeitenkreise. Und das Brot, das Ich
geben werde, das ist mein irdischer Leib, den ich für das
52 Leben der Welt dahingeben werde. Da stritten die Juden
untereinander und sprachen: Wie kann er uns seinen Leib
53 zu essen geben? Jesus antwortete: Ja, ich sage euch: Wenn
ihr nicht den irdischen Leib des Menschensohnes eßt und
54 sein Blut trinkt, so habt ihr kein Leben in euch. Wer meinen
irdischen Leib ißt und mein Blut trinkt, der hat überzeitli-
ches Leben, und ich gebe ihm die Kraft der Auferstehung
55 am Ende der Zeiten. Denn mein Fleisch ist die wahre
56 Speise, und mein Blut ist der wahre Trank. Wer wirklich

mein Fleisch ißt und mein Blut trinkt, der bleibt in mir und ich in ihm. Wie mich der Vater, der das Leben trägt, gesandt hat und wie ich das Leben trage durch des Vaters Willen, so wird auch der, der mich zu seiner Speise macht, durch mich das Leben in sich tragen. Dies ist das Brot, das vom Himmel herniedersteigt. Es wird nicht wieder sein wie bei den Vätern, die davon aßen und starben. Wer dieses Brot ißt, der wird den ganzen Zeitenkreis hindurch leben. Das sprach er lehrend in der Synagoge zu Kapernaum. 57 58 59

Zu allen Zeiten hat die Christenheit in der Speisung der Fünftausend eine Vorstufe zum Gründonnerstagsmahl gesehen. Sie fand auch kurz vor Ostern statt. Gebärde und Segensworte beim Nehmen und Reichen der Brote und Fische sind denen beim Abendmahl sehr verwandt. Was da wirklich geschehen ist und immer wieder geschieht, wird noch deutlicher in dem langen Gespräch, das er am Ende des 6. Kapitels mit den Menschen führt und wo er deutlich davon spricht, daß die Menschen seinen Leib und sein Blut aufnehmen müssen, um Anteil zu bekommen an ihm und er ihnen so die Auferstehungsleiblichkeit erbilden kann.

Auch die Speisung der Fünftausend war eine Hingabe seines Wesens an die Menschen durch Brot und Fisch. Aber bevor das geschehen kann, müssen die Menschen, die Jünger, sein Wort vernehmen und müssen ihre eigenen Vorstellungen, Gefühle und Willensregungen dem opfern, was jetzt geschehen soll. Auch wir müssen in der Weihehandlung sein Wort hören können, seine Fragen und Aufforderungen, die er durch das Evangelium immer neu und anders an uns stellt. Auch wir müssen unsere am Irdischen entwickelten Gedanken, Gefühle und Willensregungen opfern, wenn wir des Mysteriums der Wandlung teilhaftig werden wollen. Auch wir bekommen durch seinen Leib und sein Blut Anteil an der Auferstehungsleiblichkeit.

Mit dem vierten Zeichen hat Christus zum erstenmal die Urgebärde seiner Menschwerdungsmission dargestellt, als Nahrung sich dem Menschenwesen hinzugeben, als Brot und Fisch, als Brot und Wein und der ganzen Erde als Leib und Blut. Durch ihn erscheint der Geist leiblich und wird der Leib geistig. Jede Menschenweihehandlung ist die voll entfaltete Pflanze, deren Keim in der Speisung der Fünftausend in die Menschheit gesenkt wurde.

Letzte Ölung – Stillung des Sturms

6 Da der Abend hereingebrochen war, gingen seine Jünger hinunter zum Ufer, stiegen in das Schiff und begannen die Fahrt über das Meer nach Kapernaum. Es war schon finster geworden, und Jesus war noch nicht zu ihnen gekommen. Das Meer wurde durch einen heftigen Wind mächtig bewegt. Als sie ungefähr fünfundzwanzig oder dreißig Stadien weit gefahren waren, sahen sie Jesus auf dem Meere wandeln und nahe an das Schiff herankommen. Und sie waren voller Furcht. Er aber sprach zu ihnen: Ich Bin, fürchtet euch nicht! Als sie ihn nun in das Schiff aufnehmen wollten, war das Schiff sogleich am Lande, an der Stelle, wo sie hinwollten.

Jedesmal, wenn der Mensch in Todesgefahr gerät, wird seine Seele von einem Sturm ergriffen, der ihn aufwühlt, ihm die Besinnung raubt, ihn aus dem Gleichgewicht wirft. Unabhängig von seinen weltanschaulichen oder religiösen Gedanken über den Tod, gerät sein Lebensschiff in Seenot. Denn er ist ein Mensch und sitzt im gleichen Boot wie andere Menschen, die mit dem Sturm nicht gerechnet haben. In solcher Gefahr wenden die Menschen das Boot, um wieder dort zu landen, wo sie hergekommen sind.

Wenn aber wirklich die Todeskämpfe einsetzen, dann gibt es selten noch ein Zurück. Es ist dunkel für die Seele. Was ihr sonst Kraft und Sicherheit im Schicksal gegeben hat, ihre Verbundenheit mit Christus oder ihre gedankliche Überzeugung von Leben und Tod, das alles steht ihr nicht zur Verfügung. Sie fühlt sich in diesem Sturm vom Geistigen verlassen und nur mit Leidensgenossen in einem Boot. Es kommt der Priester, um mit dem Sterbenden das Sakrament zu begehen. Und obwohl dieser um das besondere Geschehen weiß, erschrickt er. Er sieht den Christus über das Äthermeer des ewigen Lebens zu sich kommen und erschrickt zutiefst, und mit ihm sind alle betroffen und ergriffen, die teilnehmen.

Der Sterbende fühlt sich von sich selbst getrennt, ins Chaos geworfen. Da erreicht ihn das Gebet des Christus, wie es Johannes als hohepriesterliches Gebet überliefert hat. Dieses Gebet ist das gleiche Geschehen, das die Jünger damals erfuhren durch das Christuswort: „Ich bin – fürchtet euch nicht." In dem Ich-bin erlebt der Mensch den, der es spricht. Mit ihm empfängt der Sterbende sich selbst, so daß der Schicksalssturm sich legt, die Furcht vor dem Unbegreiflichen schwindet. In Frieden erreicht der Mensch das andere Ufer, weil er den Friedespender in das Boot aufgenommen hat.

Im Gebet des Christus lebt sein Ich-bin. In den drei Kreuzen, die der Sterbende mit Öl auf die Stirn erhält und in den Worten, die dazu gesprochen werden, erlebt er das:

„Fürchtet euch nicht." So wird der Tod ein Ankommen ans andere Ufer, und der Todbesieger in der Mitte des Geschehens bewirkt Ruhe nach dem Sturm und einen Frieden, der sich ausbreitet über alle, die sich ihm nicht verschließen.

Priesterweihe – Die Heilung des Blindgeborenen

9 *Im Vorübergehen sah er einen Menschen, der von Geburt an blind war. Und seine Jünger fragten ihn: Meister, wer hat gesündigt, dieser Mensch selbst oder seine Eltern, daß er blind geboren ist? Jesus antwortete: Die Blindheit rührt weder von seiner Sünde her noch von der seiner Eltern; vielmehr soll dadurch die Wirksamkeit des Göttlichen in ihm zur Offenbarung kommen. Wir haben durch unser Wirken dem Wirken dessen zu dienen, der mich gesandt hat, solange der Tag reicht. Es kommt die Nacht, da niemand wirken kann. Solange ich in der Welt der Menschen bin, solange bin ich ein Licht für die Welt der Menschen. Als er diese Worte gesprochen hatte, vermischte er seinen Speichel mit Erde und machte aus dem Speichel einen erdigen Brei; diesen legte er dem Blinden auf die Augen und sprach zu ihm: Geh hin und wasche dich im Teich Siloah! Das heißt übersetzt: die Aussendung. Und er ging hin und wusch sich und kam sehend zurück.*

Da sprachen die Nachbarn und die ihn vorher als blinden Bettler gesehen hatten: Ist das nicht derselbe, der am Wege saß und bettelte? Andere sagten: Ja, er ist es. Wieder andere sprachen: Nein, er sieht ihm nur ähnlich. Da sprach er selbst: Ich bin's. Und sie fragten ihn: Wie sind dir denn die Augen aufgetan worden? Er antwortete: Der Mensch, den sie Jesus nennen, machte einen erdigen Brei und bestrich damit meine Augen und sprach zu mir: Gehe an den Teich Siloah und wasche dich. Und als ich hinging und mich wusch, wurde ich sehend. Da fragten sie ihn: Wo ist er? 12 *Und er antwortete: Ich weiß es nicht.*

Da brachten sie den, der blind gewesen war, zu den Pha- 13 *risäern. Der Tag nämlich, da Jesus mit dem erdigen Brei* 14 *seine Augen aufgetan hatte, war ein Sabbat gewesen. Und* 15 *so richteten denn die Pharisäer die Frage an ihn, wie er sehend geworden sei. Er antwortete: Er legte einen Brei von Erde auf meine Augen, und ich wusch mich. Seitdem kann ich sehen. Da sprachen einige von den Pharisäern:* 16 *Dieser Mensch ist nicht von Gott gesandt, sonst würde er den Sabbat heiligen. Andere wieder sprachen: Kann denn ein sündiger Mensch solche Geistestaten tun? So entstand eine Spaltung unter ihnen. Und sie wandten sich noch ein-* 17 *mal an den, der blind gewesen war, und fragten: Was hältst du von ihm, nachdem er dir die Augen aufgetan hat? Und er antwortete: Er ist ein Prophet.*

Die Juden wollten nicht glauben, daß er blind gewesen 18 *und sehend geworden sei und riefen deshalb die Eltern des Sehend-Gewordenen und fragten sie: Ist das euer Sohn,* 19 *und bestätigt ihr, daß er blind geboren wurde? Wie kommt es, daß er jetzt sehend ist? Seine Eltern antworteten: Wir* 20 *müssen es doch wissen, daß er unser Sohn ist und daß er blind geboren wurde. Wie es aber kommt, daß er jetzt se-* 21 *hend ist, das wissen wir nicht. Wir wissen nicht, wer ihm die Augen aufgetan hat. Fragt ihn selber. Er ist erwachsen und kann selber über sich Auskunft geben. Das sagten seine* 22 *Eltern, weil sie sich vor den Juden fürchteten. Denn schon stand bei den Juden fest, daß jeder aus ihrer Gemeinschaft würde ausgeschlossen werden, der sich zu ihm als zu dem*

23 *Christus bekannte. Deshalb sprachen seine Eltern: Er ist erwachsen, und so fragt ihn selbst.*

24 *Da riefen sie den, der blind gewesen war, ein zweites Mal herbei und sprachen zu ihm: Wir fragen dich jetzt im Angesicht der Gottheit. Wir wissen, daß dieser Mensch*
25 *ein Sünder ist. Darauf erwiderte jener: Ob er ein Sünder ist, weiß ich nicht. Eines aber weiß ich: daß ich blind war*
26 *und sehend geworden bin. Und sie fragten ihn weiter:*
27 *Was hat er mit dir gemacht? Wie hat er dir die Augen aufgetan? Er antwortete: Ich habe es euch bereits gesagt, aber ihr habt nicht darauf gehört. Warum wollt ihr es noch einmal hören? Wollt ihr auch seine Jünger werden?*
28 *Da fuhren sie ihn an und sprachen: Du bist sein Jünger.*
29 *Wir aber sind Jünger des Moses. Daß zu Moses die Gottesstimme selbst gesprochen hat, wissen wir, von ihm aber wissen wir nicht, welches Geistes Kind er ist. Der Geheilte*
30 *aber sprach: Es ist doch sonderbar, daß ihr nicht wißt, welches Geistes Kind er ist, da er doch meine Augen aufge-*
31 *tan hat. Wir wissen doch, daß Gott nicht auf den sündigen Menschen hört, wohl aber auf den, der Ehrfurcht hat und*
32 *nach dem göttlichen Willen handelt. In unserer Weltenzeit hat man noch nicht gehört, daß einer einem Blindgebore-*
33 *nen die Augen aufgetan hat. Wäre er nicht gottgesandt, so*
34 *hätte er die Kraft zu einer solchen Tat nicht. Aber sie antworteten: Du bist ganz und gar in Sünden geboren und wagst es, uns zu belehren? Und sie warfen ihn hinaus.*

35 *Jesus hörte, daß sie ihn hinausgeworfen hatten, und er fand ihn und sprach zu ihm: Vertraust du auf den Men-*
36 *schensohn? Jener antwortete: Sage mir, wer es ist, Herr,*
37 *damit ich mein Vertrauen auf ihn setzen kann. Da sprach*
38 *Jesus: Du hast ihn gesehen. Der mit dir spricht, der ist es. Und er sprach: Ich vertraue, Herr, und fiel vor ihm nieder.*

Und Jesus sprach: Um eine Entscheidung herbeizuführen, bin ich in diese Welt gekommen. Die nicht sehen, sollen sehend werden, und die Sehenden sollen erblinden. Das hörten einige Pharisäer, die bei ihm waren, und sie fragten ihn: Sind wir denn auch blind? Und Jesus antwortete: Wäret ihr blind, so wäret ihr frei von Sünde. Nun aber behauptet ihr, sehend zu sein, und so bleibet eure Sünde. 39 40 41

Ein Mensch, der Priester wird, bleibt immer ein Werdender in seinem Beruf. In der Weihe empfängt er die Kraft, mit dem Widerspruch zu leben, daß er einen Beruf übertragen bekommt, den er nie aus eigener Kraft erfüllen kann, in dem er immer wieder seine Unfähigkeit, Blindheit, Ratlosigkeit erleben muß. Für die Welt, in der er tätig sein will, ist er ein Blindgeborener. Aber diese Blindheit stammt nicht aus der Vergangenheit. Vielleicht war er in längst vergangenen Zeiten einmal ein Sehender. Jetzt muß er die Blindheit erleben, damit sich Gott durch ihn offenbare.

Der Blindgeborene im Evangelium bekam von Christus einen Brei aus Erde und Speichel auf die Augen gelegt und bekam die Weisung, zu dem Teich zu gehen, der den Namen Aussendung hat. Darin sollte er sich die Augen waschen. Er tat es und wurde sehend. Die Heilung von der Blindheit, die ein Priester erfährt, wird ihm in der Priesterweihe zuteil, aber nicht so, daß er ein Seher wird, sondern so, daß in ihm die Glaubenskraft veranlagt wird, durch die er die Gnade des Sehens erfahren kann, immer dann, wenn sie ihm zukommt. Wie bereitet ihn Christus vor auf dieses Sehendwerden? Er gibt ihm ein Schicksal, in dem er aus dem Erdenleben Substanz erhalten kann. Es gibt Menschen, die ändern sich nicht, weil sie wie schlafend durch das Leben und die irdischen Vorgänge gehen. Es gibt andere, die können allem hier auf der Erde etwas abgewinnen. Sie machen Erfahrungen, Entdeckungen, stärken die eigene Seele daran und werden von anderen als Menschen erlebt mit innerer Substanz, die sie dem äußeren Leben entnommen haben. Dazu fügt der Schicksalslenker geistige Substanz, die in den Zeiten der Stille, des Gebets, der Meditation der irdischen Substanz hinzugegeben wird. Geistesgegenwart erlebt der Mensch, wenn das geschieht, wie damals der Blinde die Gegenwart Christi erlebte.

Wenn die irdische und die geistige Tatsache verschmelzen zu einer Substanz, dann erlebt der Mensch volle Wirklichkeit. Bei Rudolf Steiner wird dieses Ereignis so ausgedrückt: „Die Wahrnehmung der Idee (geistige Substanz) in der Wirklichkeit (irdische Substanz), ist die wahre Kommunion des Menschen." Dieses Erlebnis ist immer aufs neue der Anfang der Blindenheilung. Man kann dieses Erlebnis nicht festhalten. Durch die Aussendung wird der Priester in seine Arbeit entsendet. Indem er sich mit aller Erden- und Himmelssubstanz, die ihm zuteil wurde, in seine Sendung, in sein Wirken unter den Menschen hineingibt, wird er für manches sehend, was er vorher nicht sah.

Und wie ein Blinder, der sehend wird, mit dieser neuen Fähigkeit erst umgehen lernen muß, lernen muß, das, was er sieht, zu unterscheiden und mehr zu sehen, mehr Einzelheiten und diese im zusammengehörigen Ganzen, so muß der Priester im Werden mit dem Sehen erst umgehen lernen und in den Bereichen, wo er noch blind ist, auf die Gnade des Sehendwerdens warten, auf den, der sich ihm nahen kann, wenn er die Demut und Ehrlichkeit hat, sich immer wieder als blinder Bettler auf dem Wege zu fühlen.

Nach der Heilung macht der Blindgeborene noch einen inneren und einen sozialen Prozeß durch. Er hat sich so verändert, daß ihn die Nachbarn nicht mehr erkennen. Auf ihre Frage antwortet er mit einem Wort, das sonst im ganzen Johannes-Evangelium nie von einem Menschen ausgesprochen wird, sondern nur von Christus selbst: Ego eimi: Ich bin. Das Wort εἰμι allein heißt schon ich bin. Ego eimi ist eine Überhöhung des menschlichen Ich bin. Wenn ein Mensch es ausspricht, meint er nicht nur sein kleines, irdisches Ego. Es erfüllt sich in solchem Augenblick, was Christus vorher sagte: Diese Blindheit hat er, damit Gott sich durch ihn offenbare. „Nicht ich, sondern Christus in mir", wie es Paulus erlebt hat.

Bevor das voll eintreten kann, muß der Mensch alles hinter sich lassen, was ihn noch von außen getragen hat. Die Eltern setzen sich von ihrem Sohn ab. Die Gesellschaft und die Vertreter der Glaubensgemeinschaft stoßen ihn aus. Er selber stellt sich allen und behauptet sich und wächst an dieser Auseinandersetzung. Als ihn alle aus ihrer Gemeinschaft ausgestoßen hatten, kommt Jesus zu ihm und stellt ihm die entscheidende Frage: „Glaubst du an den Menschensohn?" Der Menschensohn ist der aus dem Mencheninneren geborene und wirksame Christus. Aber wir erleben ihn als einen, der vor uns steht.

„Das Ich, so erlebt, daß ich es als Du erfahre, das ist der Christus", so bringt Rudolf Steiner das Bekenntnis des Petrus bei Caesarea Philippi in freier Übersetzung. Der Christus in uns wird erlebt als das Ich, wenn es zum Du wird. Der Blindgeborene erkannte ihn nicht gleich. Er bat, daß ihm der Menschensohn gezeigt werde und bekam zur Antwort: „Du hast ihn gesehen. Der mit dir spricht, der ist es." Da wurde er von der Glaubenskraft erfüllt und fiel vor ihm nieder.

Immerfort sehen wir den Christus und wissen es nicht. Lebt er doch in allen Prozessen des menschlichen Schicksals. Erst wenn einer aus allen früheren Schicksalen ausgeschieden ist, wenn er erfährt, was es heißt, ganz allein auf sich gestellt zu sein, erfährt er auch, daß er im Alleinsein gerade nicht allein ist. Die Schranken zwischen Innen und Außen fallen. Er fühlt sich im tiefsten Wesen angesprochen, und zugleich kommt dieses Sprechen wie aus kosmischen Weiten zu ihm. Er weiß für alle Zeit, wer es ist, der mit ihm spricht. Jeder, der das erlebt, fällt erschüttert nieder und glaubt an den Menschensohn.

Die Priesterweihe setzt eine gewaltige Umschmelzung des Menschen voraus, die zu einem neuen Sehen führt, dem Sehen im Lichte des Christus. Die Umwelt bemerkt diese Veränderungen. Sie wundern sich und kennen den Schicksalsgenossen von früher kaum wieder. Und die Vertreter aller alten Denkweisen und Lebensformen stoßen ihn aus. Das muß nicht so aggressiv vor sich gehen wie bei dem Blindgeborenen im Tempel, aber es erregt doch Anstoß, wenn einer dem Ignorabismus, dem Wir-können-nichts-wissen, entgegensetzt: Wir können wissen, wenn wir uns von Ihm die Augen öffnen lassen in der oben beschriebenen Weise. In den oft endlosen Diskussionen mit Verwandten, früheren Freunden, Vertretern fester „Glaubensrichtungen" erlebt der werdende Priester das Ausgestoßensein. Und genau so durch seine anderen Lebensformen. Die alten Bekannten lächeln darüber, daß er plötzlich keinen Alkohol mehr trinkt und können sich nicht vorstellen, daß er kein von außen gegebenes Alkoholverbot einhält, sondern daß ihm selber durch den kleinsten Genuß von Alkohol sein neues Sehen, den Glaubenssinn getrübt bekam. Die aber braucht er zur Erfüllung seiner Sendung, wie ein Sänger seine Stimme braucht und darum das Rauchen meidet, weil es ihr schadet.

Seine Veränderung im Priestertum stellt ihn erst einmal aus den vorherigen sozialen Zusammenhängen heraus. Er muß auf neue Weise soziale Verhältnissse schaffen. Dazu muß er von Christus gefunden werden, wie der Blindgeborene damals von ihm gefunden wurde. Denn es kann der Mensch nicht sagen: Ich werde Priester, bevor er nicht von Christus „gefunden" wurde und das Erkennen eingetreten ist, das zugleich Glauben in sich trägt. Und auch, wenn er durch die Priesterweihe gegangen ist, kann er in diesem Beruf nicht heilsam wirken, wenn er nicht immer aufs neue von Christus gefunden wird, seine Gegenwart erfährt und ihm bewußt wird, daß er es ist, dem er dienen darf.

Die wahre Demut bannt Hochmut, Eitelkeit und Selbstherrlichkeit gerade im Priesterberuf. So hat das sechste Zeichen im Johnnes-Evangelium eine tiefe Beziehung zum Priesterwerden, in dessen Mitte die Priesterweihe geschieht.

Trauung – Die Anferweckung des Lazarus

11 *Als Jesus sie und die mit ihr kommenden Juden weinen sah, bemächtigte sich seines Geistes eine große Erregung, und er sprach voll tiefer Erschütterung: Wo habt ihr ihn bestattet? Sie antworteten: Komm, Herr, und sieh. Und Jesus weinte. Da sprachen die Juden: Seht, wie er ihn geliebt hat. Einige von ihnen jedoch sprachen:* 33 34 35 36 37

Konnte er, der dem Blinden das Augenlicht gab, diesen
38 *nicht vor dem Tode bewahren? Von neuem ging durch das*
Innere Jesu eine mächtige Bewegung, und er trat an das
Grab. Das Grab war in einer Felsenhöhle, und ein Stein lag
39 *davor. Und Jesus sprach: Nehmet den Stein weg! Da*
sprach Martha, die Schwester des Vollendeten, zu ihm:
Herr, er ist schon in Verwesung übergegangen, denn es ist
40 *bereits der vierte Tag. Aber Jesus sprach: Habe ich dir nicht*
gesagt: Hättest du den Glauben, du würdest das Offenbar-
41 *werden Gottes schauen? Da nahmen sie den Stein weg. Da*
42 *erhob Jesus seine Augen zur Geistesschau und sprach: Va-*
ter, ich danke dir, daß du mich erhört hast. Ich wußte, daß
du mich jederzeit hörst. Aber wegen der Menschen, die hier
stehen, spreche ich es aus, damit ihr Herz erkennt, daß du
43 *mich gesandt hast. Dann rief er mit lauter Stimme: Laza-*
44 *rus, komm heraus! Und der Gestorbene kam heraus, an*
Füßen und Händen mit Bändern umbunden, das Antlitz
mit einem Schweißtuch bedeckt. Und Jesus sprach: Löset
die Bänder und laßt ihn gehen!

Wir haben in dem Kapitel über das Geheimnis der Ehe schon vieles gesagt über die innere Beziehung zwischen dem Wesen der Ehe und diesem siebten Zeichen. Wir wollen dem nur weniges hinzufügen. Wir haben gesehen, daß die Ehe als Einweihungsweg verstanden werden kann, der in das Mysterium von Sterben und Erweckung durch Christus führt. Die Trauung, so widersinnig es klingt, bereitet vor auf dieses Sterben.

Jeder Mensch hat sein Leben, das von seinem Wesen, seinen Erlebnisweisen, seinem ihm eigenen Schicksal geprägt ist. Dieses persönlich geformte, gebildete, für diesen Menschen charakteristische Leben muß sterben, damit er in der Ehegemeinschaft durch den Wortesgott hervorgerufen, erweckt werden kann. Wenn die beiden Menschen gefragt werden, ob sie die Lebensgemeinschaft mit dem anderen zum Entschluß erheben wollen, ist das Ja-Wort darauf ein Ja zum Sterben des Nur-persönlichen, ein Ja zum Mysterientod. Es geschieht unter Zeugen, wie damals die beiden Schwestern Zeugen vom Tod des Lazarus waren.

Maria, die nach innen gewendete, Martha, die nach außen gewendete, die beide in der Seele der Zeugen ihre Aufgabe erhalten als Bewußtsein und als helfender Beistand für das, was geschieht. In der Mitte der Trauung wird alles ins Bild gebracht, was sich aus den beiden getrennten Menschen zu einem Ehewesen fügt: Ringe, Stäbe und der Hinweis auf das Christusbild. Da wird der Geist der Ehe, des gemeinsamen Lebens aus dem Grab erweckt, in das die beiden ihr Einzelleben gelegt hatten. Aus Lazarus wird Johannes.

Aus Menschen, die große Reichtümer besaßen, die sie bereit waren hinzugeben, werden Jünger, „die man daran erkennt, daß sie einander in Liebe begegnen". Die Kraft dazu empfangen sie im Segen.

In der Trauung geschieht mit großer Intensität und in kurzer Zeit das Stirb und Werde. Es ist das Siegel, das in die Lebensgemeinschaft geprägt wird und ein Leben lang die Tatsache wachhalten soll, daß es sich in der Ehe um ein Mysterium handelt, von dem initiiert, der in die Menschenwelt hineinspricht: „Ich bin die Auferstehung und das Leben." Dieses Geheimnis, das in der Trauung gegründet wird, kann durch die Ehe zeitlebens sich in vielen Variationen weiter entfalten.

Irene Johanson
Ich-Erfahrungen
Christliche Erlebnisse und Wandlungen

112 Seiten kartoniert

„Es muß der Ent-Menschung, Ent-Ichung, Ent-Christung in unserer Welt abgerungen werden die Menschwerdung, die Ichwerdung, Christwerdung, damit die Erde, auf der das geschehen soll, nicht zu früh und nicht einen gewaltsamen Tod sterbe."

Aus der Einleitung

Inhalt: Das Ich-Erlebnis im Leibe / Ich-Erfahrung im Leben der Seele / Ich-Ereignisse im Schicksal / Das überirdische Ichwesen des Menschen / Das göttliche „Ich bin" / Der Wandel des Ich durch Gottesdienst / „Christus in Euch!" / Das Verhältnis der sieben Ich-bin-Worte Christi zu den sieben Wochentagen – Übungen zur Ich-Besinnung / Gespräche auf dem Weg zum Ich – Betrachtungen zum Nikodemus-Gespräch und dem Gespräch mit der Samariterin.

Irene Johanson
Johannes
Stufen christlicher Entwicklung

56 Seiten, kartoniert

Wie entscheidend die innere Beziehung ist, die der Mensch unserer Zeit zum Wesen des Johannes findet, dies darzustellen hat sich Irene Johanson zur Aufgabe gemacht. Dabei geht sie von der Frage aus, welche Entwicklungsstufe mit dem Johannes-Namen gemeint ist und was wir mit den Gestalten zu tun haben, die in den Evangelien den Namen Johannes tragen.

Verlag Urachhaus Stuttgart

Kurt von Wistinghausen
Der neue Gottesdienst
Zur Einführung in die Menschenweihehandlung
4. Auflage, 96 Seiten, kartoniert

Johannes Lenz
Die Taufe
Das Sakrament der Christwerdung
96 Seiten, kartoniert

Johannes Lenz
Die Konfirmation
Von der Kindheit zur Jugend
2. Auflage, 88 Seiten, kartoniert

Johannes Lenz
Die neue Beichte
Eine Einführung in das Sakrament
52 Seiten, kartoniert

Johannes Lenz
Lebensgemeinschaft und Trauung
Das Sakrament der Ehe
148 Seiten, kartoniert

Johannes Lenz
Das Ereignis des Todes
Zum Umkreis der Bestattung
124 Seiten, kartoniert

Johannes Lenz
Priestertum im zwanzigsten Jahrhundert
132 Seiten, kartoniert

Verlag Urachhaus Stuttgart